CONVIÉRTETE en un FREELANCER CHINGÓN

FRIC MARTÍNEZ

CONVIÉRTETE en un FREELANCER CHINGÓN

Planeta

Diseño de portada: Planeta Arte & Diseño / Adriana Gallardo
Fotografía del autor: © Paola Matiella
Ilustraciones de interiores: Fric Martínez, Izaac Olán y Jorge Chávez
Adaptación de diseño: Víctor Santacruz
Diseño de interiores: Fric Martínez e Izaac Olán

© 2020, Fric Martínez

Derechos reservados

© 2021, Editorial Planeta Mexicana, S.A. de C.V.
Bajo el sello editorial PLANETA M.R.
Avenida Presidente Masarik núm. 111,
Piso 2, Polanco V Sección, Miguel Hidalgo
C.P. 11560, Ciudad de México
www.planetadelibros.com.mx

Edición en formato POD
ISBN: 978-607-07-7421-8

Si necesita fotocopiar o escanear algún fragmento de esta obra diríjase al
CeMPro (Centro Mexicano de Protección y Fomento de los Derechos de
Autor, http://www.cempro.org.mx).

Libro impreso bajo la técnica Print On Demand (POD)
en Ingram Publisher Services LLC

Impreso en Estados Unidos –Printed in United States

Índice

Un día tendrás 90 años de edad y dirás: «**Sobreviví**». Así que, si vas a sobrevivir, **¡dedícate a lo que te apasiona!**

Vivimos en una era increíble, nunca había sido tan fácil trabajar por tu cuenta... *Conviértete en un freelancer chingón* es una guía que te puede ayudar a lograrlo.

¡FRIC MARTÍNEZ!

Introducción

Con esta guía aprenderás todo lo que necesitas para trabajar por tu cuenta. Te explicaré los primeros pasos que debes dar para transformarte en un freelancer, y conocerás herramientas para sobrellevar el día a día, aprender a cobrar, construir tu marca personal, convertir tus servicios en productos, volverte un freelancer pro y ser un agente de cambio.

Llevo 20 años sin tener un empleo formal, durante los cuales he generado dinero con mis talentos como freelancer. Este libro está lleno de consejos de lo que he aprendido en la aventura que ha sido mi vida.

Además, para tener diversas perspectivas del estilo de vida freelancer, entrevisté a expertos de diferentes áreas que me compartieron sus opiniones y experiencia sobre los temas que se tratan en esta guía. ¡Así que sácales todo el jugo que puedas!

> Una última nota: en el libro encontrarás varios ejercicios al final de cada capítulo que te ayudarán a poner en práctica lo aprendido. Así que...
> ¡a darle con todo!

¿Qué es un Freelancer?

Es alguien que trabaja por su cuenta, que no tiene un empleo tradicional o un jefe, sino que ofrece sus servicios para quienes lo quieran contratar. Un autoempleado, pues.

O como los llaman los hípsters: *solopreneurs.*

Etimológicamente

La palabra freelancer se refiere a un «lancero libre», un caballero que no servía a un jefe en particular, sino a quien lo contratara.

> **Si no me pagas más que el otro rey, no voy a poder trabajar en tu guerra...**

**En México, solo
13.5 millones de personas
trabajan por su cuenta.***

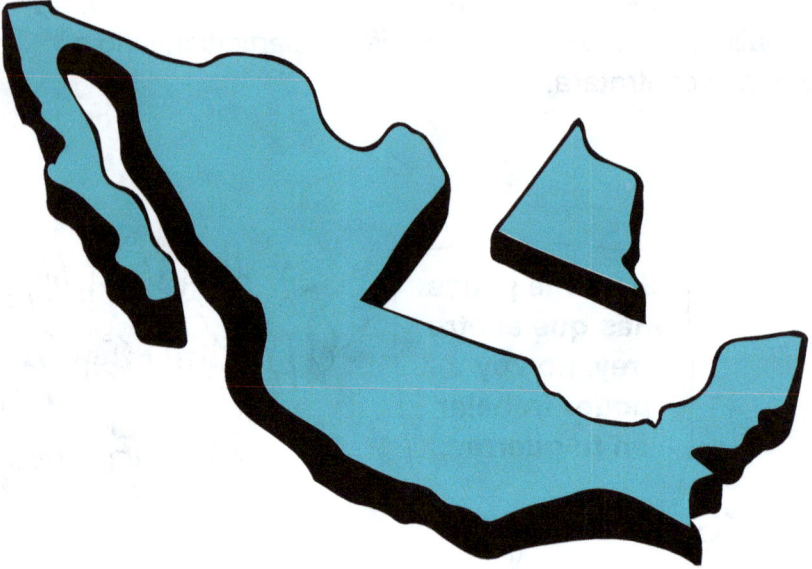

Algunos rubros de freelancers:

Diseñador, escritor, abogado, editor, traductor, programador, *community manager*, consultor, arquitecto, actor, ilustrador, investigador, fotógrafo, soporte en tecnología, creador de software, *project manager*, *coach*, autor, entrenador, blogger, gestor de negocios en línea, intérprete, conferencista, ingeniero, contador, diseñador de modas, locutor, animador, organizador, payaso, mago y toda persona que no tenga un jefe sino clientes.

*Solís, A. (29 agosto, 2016). México tiene más de 13 millones de freelancers (sin espacio de trabajo). *Forbes México*. Consultado en: <https://www.forbes.com.mx/mexico-mas-13-millones-freelancers-sin-espacio-trabajo>

La opinión de los expertos:

Entrevisté a ocho freelancers exitosos y les pregunté.

¿Por qué decidiste ser freelancer?

David Ruiz «Leche»
Director de cine
http://instagram.com/lecheruiz

«Decidí trabajar por mi cuenta para no depender de nadie en la toma de decisiones. Por el giro de mi carrera, para mí era importante no tener ataduras a ningún tipo de oficio ni compromisos con un cliente en específico».

José Matiella
Productor audiovisual e interactivo
iyary.com

«La empresa para la que trabajaba empezó a bajar los estándares de calidad para pagar sus deudas y decidí salirme a trabajar por mi cuenta».

Iván Meza
Fotógrafo de publicidad
www.ivanmezafoto.com

«Me quedé sin negocio, sin socio y sin empleo. Así que empecé a buscar de todo hasta que la buena fortuna tocó la puerta y simplemente le di la bienvenida a la vida freelance».

Rodrigo Salom Freixas
Artista digital
www.rodrigosalom.com

«Empecé a freelancear desde que estudiaba y seguí haciéndolo mientras era empleado. Ahora sigo como freelancer mientras termino mi propio proyecto».

Isabel Sommerz Best
Escritora y terapeuta
alquimiadelalma.mx

«No soporto los horarios y estructuras de las empresas. Quería tener mi propia misión y visión de negocios, y sobre todo, porque me quería sentir libre».

Víctor Arenas
Abogado consultor para emprendedores y freelancers
www.strategga.com.mx

«Prefiero libertad financiera que seguridad financiera».

Leandro Luna
Location sound mixer, cineasta, emprendedor
imdb.to/2TjsmWy

«Tuve la ilusión de ser dueño de mi tiempo y ganar más».

Alex Kong
Artista 3D, promotor de la industria de la animación en México
alexkong.mx

«Sencillamente no me alcanzaba con el sueldo que percibía».

1

¿Cómo convertirte en un freelancer?

¿Quieres ser freelancer?

Cuidado

Prepárate para hacer muchas cosas que no te gustan. Ser freelancer tiene muchas bondades pero, para saborearlas, tendrás que enfrentarte a cosas que tal vez odies: finanzas, ventas, promoción, cobros, impuestos, aguantar clientes, etc...

Más comodidad

Menos estabilidad

(La vida freelance no es fácil)

Expectativa vs. realidad de ser freelancer:

EXPECTATIVA 1:
Soy dueño de mi tiempo y escojo mis horarios.

REALIDAD:
Eres dueño de tu tiempo mientras no tengas un proyecto que entregar para cierta fecha (puedes terminar trabajando en la madrugada).

EXPECTATIVA 2:
Soy mi propio jefe.

REALIDAD:
Ahora tu cliente es tu nuevo jefe. De hecho, ahora tienes muchos jefes.

EXPECTATIVA 3:
Gano más y trabajo menos.

REALIDAD:
Si solo consideras el tiempo exacto que inviertes en el acto de crear, desde luego que sí, ganas más por hora; pero para gestionar todo lo que hay detrás de un proyecto es posible que trabajes mucho más que un empleado.

EXPECTATIVA 4:
Trabajo en casa, así que gasto menos.

REALIDAD:
Ahorras en transporte, pero gastas en otros servicios como contabilidad, luz, agua, internet...

EXPECTATIVA 5:
No hay un jefe que califique mi trabajo, puedo crecer mucho.

REALIDAD:
Crecerás cuando dejes de ser autocomplaciente, cuando evoluciones para ofrecer algo diferente.

EXPECTATIVA 6:
No tengo que trabajar para alguien nefasto si no lo deseo, porque escojo a mis clientes.

REALIDAD:
Excepto cuando no tienes dinero y le ruegas al cliente más nefasto que-te-dé-chamba-por-favor.

La opinión de los expertos:

¿Cuál fue la cruda realidad a la que te enfrentaste cuando te convertiste en freelancer?

David Ruiz «Leche»
Director de cine

«No estoy atado a ningún empleador y, por lo mismo, nadie me protege en la época de las vacas flacas».

José Matiella
Productor audiovisual e interactivo.

«¡Pensé que sería más fácil conseguir proyectos! La venta de tus servicios es de lo más complicado para cualquier creativo. Si ese tema está resuelto, lo demás es mucho más sencillo».

Iván Meza
Fotógrafo de publicidad

«Como empleado siempre tienes trabajo que hacer, pero cuando te lanzas por tu cuenta todo depende de ti. La expectativa era que tendría mucha chamba y la realidad fue que tuve que esforzarme para que eso sucediera».

Rodrigo Salom Freixas
Artista digital

«Imaginaba que iba a tener más tiempo libre y sería más fácil enfocar mi trabajo en lo que realmente me gusta. Algo positivo es que obtengo buenas ganancias trabajando a distancia».

Isabel Sommerz Best
Escritora y terapeuta

«Pensé que iba a hacer dinero más rápido y al principio fue complicado. Eso fue todo, lo demás no lo cambiaría por nada».

Víctor Arenas
Abogado consultor para emprendedores y freelancers

«El trancazo más fuerte es cuando llega la quincena y no recibes nada, pero la alegría más grande es cuando cobras tu primer factura y te cae dinero, ganado por ti y para ti».

Leandro Luna
Location sound mixer, cineasta, emprendedor

«Nunca imaginé que iba a pagar tanto dinero de impuestos, nunca pensé que iba a extrañar un seguro médico (ni que uno bueno costara tanto)».

Alex Kong
Artista 3D, promotor de la industria de la animación en México

«Pensé que iba a ser mi propio jefe y ganaría mucho dinero pronto, pero fue más difícil que eso. Trabajas un montón (a veces mucho más que en un empleo tradicional), pero vale la pena el sentimiento de construir algo propio».

¿Recuerdas cuando te decían que ir a la prepa abierta no era para todos?

El mundo freelance funciona igual, solo es para los que pueden autogestionarse.

Si no tienes orden y estructura puedes terminar muy estresado.

Debes estar dispuesto a apretarte el cinturón (es decir, prepararte para las carencias)

Si quieres ser freelancer únicamente para ganar más dinero y de manera más fácil, te esperan momentos de decepción (mientras lo logras).

Auto nuevo

Restaurantes

Adiós...

¿No estudias ni trabajas y quieres freelancear?

Si vives en casa de tus papás o tienes menos de 25 años, la tienes fácil.

Atrévete a renunciar a tus fiestecitas y otros gastos innecesarios. Ponte a chingarle.

UNA VIDA

¿Tienes un empleo y quieres freelancear?

No debes renunciar a tu chamba (aún).

La forma más segura de empezar a freelancear es trabajar en proyectos por tu cuenta mientras mantienes un empleo seguro.

Comienza a ofrecer tus servicios para que vayas desarrollando el músculo freelance poco a poco. Sobra decir que debes elegir los proyectos que puedas realizar sin meterte en problemas en tu chamba.

No tienes pretexto (¡tienes un sueldo!), empieza a trabajar en algo que te guste, aunque no generes ingresos al principio.

Será como estar becado.

Línea
del tiempo

(de la vida profesional)

1. Estudiante:
Vas a la escuela y luego a la universidad. **Tip:** Mientras estudies perfílate hacia donde quieras ir. Investiga sobre tu rubro.

2. Empleado:
Recomiendo ser empleado antes de dar el salto al mundo freelance, pues así obtendrás experiencia antes de trabajar por tu cuenta. Cágala con los clientes de tu empleador, no con los tuyos.

3. Empleado / Freelancer:
Tienes un empleo pero haces chambas por fuera.
Tip: Tienes las noches y fines de semana para desarrollar tus servicios de freelancer.

4. Freelancer de lleno:

Ya que puedes ganar buen dinero dedicándote a la freelanceada aviéntate y hazlo con todo.

5. Microempresario:

Optimiza tus procesos (gana más trabajando menos). Ten un equipo de proveedores que te ayuden, así comenzarás a ser microempresario.

6. Empresario:

Cuando tengas mucha chamba como para contratar gente de fijo, comenzarás a ser jefe, y si constituyes una empresa, serás empresario.

7. Agente de cambio:

Ya eres un experto. Ahora dile a todos cómo lograste el éxito; escribe un libro, da clases, talleres, conferencias… Impacta positivamente en tu industria y en la humanidad, pon tu granito de arena para la prosperidad.

La diferencia entre ser freelancer o empresario

Freelancer

Empresario

Freelancer		Empresario
Tú haces todo el trabajo.	←→	Tienes gente que realiza el trabajo.
Tus gastos son mínimos.	←→	Gastas en infraestructura y oficina.
No tienes empleados ni oficina.	←→	Tú diriges un equipo.
Solo tienes tus responsabilidades personales.	←→	Tienes tus responsabilidades personales más las de tus empleados.

Tip: Si vas a pasar de freelancer a empresario, hazlo cuando tengas clientes grandes, no querrás tener 10 empleados para talachear en puras chambitas, eso requeriría mucha energía de tu parte.

¡No sé qué me apasiona!

Olvídate de que «todos tenemos una pasión que debemos de desarrollar». Eso es *bullshit*. Relájate. Si no sabes cuál es tu pasión, no importa.

Es más fácil encontrar tu pasión después de haber incursionado en muchas áreas distintas.

¡NO busques tu pasión, ponte a trabajar!

En lugar de
buscar tu pasión,
haz proyectos.

Haciendo proyectos te
dirigirás, sin darte cuenta,
hacia donde perteneces.

Sé como un colibrí, prueba distintos
néctares de flores y después repite
el que más te haya gustado.
Es decir, haz varios proyectos y
después define qué es lo que más
te gusta hacer.

Si no tienes idea de a qué dedicarte, aquí hay seis formas de orientarte:

1. ¿Qué querías ser cuando eras más joven?

Desde que eras niño tenías sueños o anhelos. Si aún tienes las ganas de hacer cualquiera de ellos, pregúntate: ¿Hay gente que vive de hacer lo que yo siempre he querido?
Si la respuesta es sí, **entonces HAZLO.**

2. ¿Tienes un *hobbie*?

Un pasatiempo es una señal muy clara de tus verdaderos gustos. La pregunta es la misma: ¿sabes de alguien que genere billete haciendo el *hobbie* que te gusta? **Entonces tú también puedes.**

3. ¿Qué harías si tuvieras resueltos tus gastos?

¿A qué te dedicarías si tuvieras cubierto el tema de la comida, renta, servicios y transporte? ¿Qué trabajo harías para obtener dinero extra? **Pues ese trabajo puede convertirse en tu entrada de dinero principal.**

4. Si no te importara la opinión de nadie, ¿qué harías?

Una de las mayores razones por las cuales no haces lo que realmente quieres es por miedo a lo que dirán los demás. Olvídate de eso y busca tu verdadera pasión, ahí está la respuesta.

5. ¿Qué has querido hacer y nunca has hecho?

Se te ha antojado hacer cosas y no te has animado por alguna razón. **¿Vas a seguir postergándolas?**

6. Si te fueras a morir en cinco años, ¿en qué trabajarías?

Si te quedaran tres meses de vida, no trabajarías, quizá te dedicarías a viajar o algo así. Si te quedara un año de vida, quizá tu familia y amigos te ayudarían con los gastos mientras te despides de ellos. Pero si tuvieras cinco años de vida, nadie te mantendría, tendrías que trabajar. **¿Qué chamba escogerías?**

7. ¿Qué trabajo te gustaría hacer por una temporada?

No eres un arquitecto, no eres un diseñador; eres un *homo sapiens* libre. Puedes dedicarte a lo que quieras durante el tiempo que desees. Si escoges una especialidad, tampoco es que tengas que dedicarte a ella para toda la vida, **puedes cambiar.**

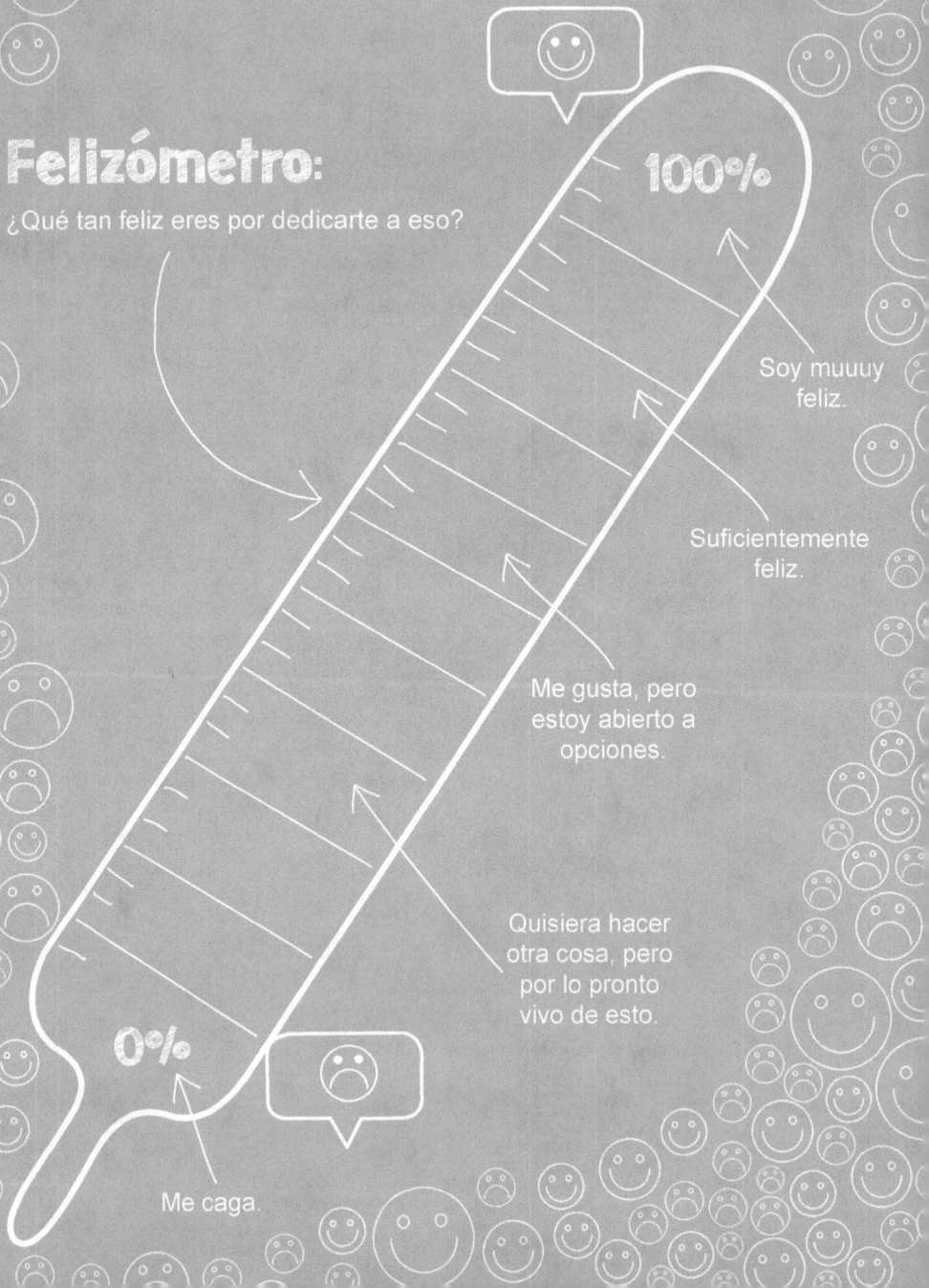

¿A qué quieres dedicarte EN REALIDAD?

¿Qué querías ser cuando eras niño?

¿Tienes un *hobbie*? ¿Algo que disfrutes mucho hacer?

¿Qué se te facilita hacer? ¿En qué eres bueno?

¿Qué has querido hacer siempre y aún no has hecho?

¿Qué te gustaría hacer si solo tuvieras que dedicarte a ello durante una temporada?

Si te mudaras a otro país y pudieras escoger cualquier profesión, ¿cuál sería?

Si tuvieras cubierta la renta, los servicios y la comida, ¿qué harías para ganar dinero y cubrir todo lo demás?

Si te fueras a morir en cinco años, ¿en qué trabajarías?

Si no te importara la opinión de NADIE, ¿qué harías?

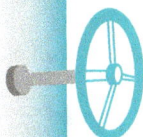

Ahora que ya evaluaste tus verdaderos gustos,
talentos y deseos más genuinos,

¿a qué te gustaría terminar dedicándote, aunque fuera por casualidad (no necesariamente para toda la vida)?

(puede ser más de una opción)

Tu sueño

¿Sabes de personas que se dediquen a lo que tú quisieras hacer
y que ganen dinero de ello? Escribe sus nombres aquí:

Si ellos pueden, tú puedes. Punto.
(y todo lo que te diga tu mente para justificar
por qué tú no puedes, es mentira)

¿Por qué no te has dedicado a tu sueño?

- [ ] Por falta de dinero
- [ ] Miedo al fracaso
- [ ] Miedo al éxito
- [ ] No sé cómo empezar
- [ ] Es muy tarde para comenzar desde cero
- [ ] Falta de conocimiento
- [ ] Pena
- [ ] Por la opinión de los demás
- [ ] Otro: _____

¿De quién te importa la opinión?

- [ ] Papá
- [ ] Mamá
- [ ] Hermanos
- [ ] Amigos
- [ ] Primos, primas, familia
- [ ] Excompañeros
- [ ] Sacerdotes
- [ ] Maestros
- [ ] Cónyuge
- [ ] Hijos
- [ ] Yo mismo
- [ ] Otro: _____ .

En cien años, todos los que pisamos este planeta estaremos muertos, así que le estás dando importancia a la opinión de futuros cadáveres.

Siempre puedes cambiar de rumbo y hacer lo que verdaderamente te gusta

Si no te gusta lo que estás haciendo, cambia radicalmente de profesión sin que te importe lo que te digan tus primas en Navidad.

A la mierda la opinión de los demás (es tu vida).

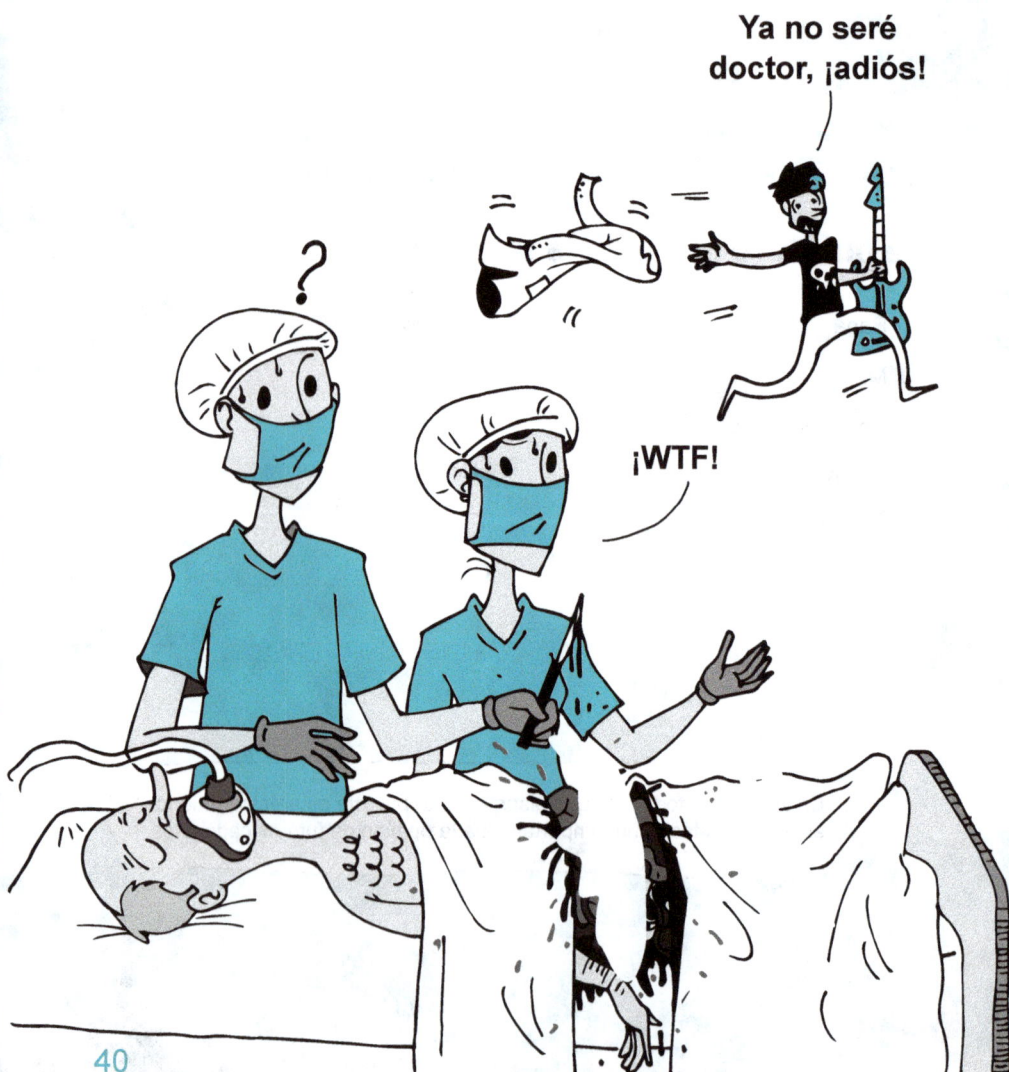

Ya no seré doctor, ¡adiós!

¡WTF!

Antes de dejar tu empleo:

Ten un ahorro, lo suficiente como para sobrevivir una temporada sin ingresos, porque la cosa se va a poner más difícil de lo que crees.

Vuélvete a formar en la fila de lo que realmente quieres hacer pero SIN DEUDAS. No le agregues problemas a la vida freelance.

«Es que me gusta hacer varias cosas»

Te sugiero que te hagas muy bueno en **UN** servicio y que, cuando lo domines y tengas estabilidad económica, empieces a ofrecer el servicio **DOS**, siempre y cuando puedas seguir entregando calidad en tu servicio **UNO**.

Traductor

Guionista

Intérprete

Monero

Crítico de cine

«Ya soy especialista en jardinería, ahora me haré experto en construcción ambientalista».

Si tienes dos especialidades muy definidas, haz dos currículos para que los promuevas con distintos tipos de clientes (aunque mi sugerencia siempre será que te especialices en un solo rubro).

Se busca recién egresado con ocho años de experiencia.

O sea, ¿qué pedo?

La gran paradoja:

¿Cómo generar experiencia si no tienes experiencia para conseguir proyectos que te permitan generar experiencia?

Guía para novatos: 12 pasos para conseguir experiencia (en medios creativos):

1. Busca en Google a expertos de quienes quisieras aprender.

2. Haz una lista con sus nombres y ordénalos conforme a la relevancia que tienen para ti.

3. Consigue sus contactos. Hay muchas formas de contactar a quien desees: por LinkedIn, por mail, por su página de internet o a través de sus redes sociales... Y si de plano nada funciona, hasta puedes ir a pararte afuera de su oficina como indigente.

4. Contáctalos y muéstrales tu trabajo. No es requisito mostrar trabajos profesionales, puedes presentar textos que hayas escrito, ilustraciones, proyectos universitarios de los que estés orgulloso, el chiste es mostrar tu talento.

5. Diles que estás dispuesto a trabajar de forma gratuita a cambio de aprendizaje. Intenta negociar y obtener el mayor beneficio (puedes pedir dinero para el transporte y la comida, por ejemplo).

6. Ponte a chambear como loco. No pierdas el tiempo, trabaja lo más que puedas; es tu universidad, así que chambea mucho y sigue las reglas para que tu jefe no se arrepienta de tenerte ahí metido en su espacio.

7. Exprímele a tu jefe todo el conocimiento posible. Úsalo, aprende cuanto puedas (algún día alguien te va a exprimir a ti, así que dale con confianza).

8. Hazte indispensable y pide un sueldo. Muuuy pronto, la energía que hayas invertido deberá convertirse en un sueldo.

9. Cobra la mayor cantidad de dinero posible, pero no dejes de aprender. No te acomodes. Recuerda que la meta principal es aprender muchísimo, hacerte experto en tu área.

10. Si llegas a un tope de conocimiento y ya no puedes aprender más de esa persona o empresa, renuncia. Agradece a la persona por lo que hizo por ti, él debe agradecerte por lo que tú hiciste por su negocio.

11. Ahora contacta a tu siguiente víctima (maestro).
Cuando cambias de chamba obtienes conocimientos variados y crece tu currículo.

12. Cuando hayas aprendido lo suficiente de tus empleadores, estarás listo para ofrecer tus servicios de freelancer.

NOTA 1: Esta forma de aprender aplica sobre todo en medios creativos; si quieres ser doctor o abogado, la manera tendrá que ser distinta.

NOTA 2: Si alguien no está de acuerdo con este método, es porque seguramente estudió mucho y muy caro, y le dan celos porque tú vas a aprender más rápido y serás mejor que él.

Anécdota:

En mis inicios, cuando estaba aprendiendo Photoshop en un estudio de animación a los 20 años, mi turno era de 4 PM hasta morir. Sin embargo, yo llegaba todos los días a las 11 AM para ver lo que hacía el chico del turno de la mañana. Cuando él salía a comer, yo me sentaba en la computadora a hacer lo mismo que él. Ya en la noche, después de mi jornada, si no salía muy tarde, llegaba a mi casa a practicar un rato más... (O sea, obsesionado mal pedo, pero así aprendí todo lo que sé y lo aplico día a día en mi chamba).

¡FRIC MARTÍNEZ!

Tu plan de vida

Tú no eres tu profesión (no eres un diseñador o fotógrafo), eres una persona capaz de hacer lo que quieras durante el tiempo que quieras.

¿A qué te dedicarás en los próximos años?

Relájate. Si haces o quieres hacer muchas cosas, escoge una (luego podrás hacer las otras también).

A esta la llamaremos tu especialidad. Es lo que harás inmediatamente.

¿Hacia dónde te irás perfilando? ¿A qué te dedicarás algún día?

Sin prisas, sin la presión del dinero y la falta de conocimiento.

A estos les llamaremos tus sueños. Es a lo que te gustaría terminar dedicándote algún día.

Entonces:
Fase 1: Darle duro a tu especialidad.
Fase 2: Ir avanzando en tu sueño.

A partir de ahora, aplica los siguientes ejercicios a tu especialidad, para que después sea más fácil dedicarte a tu sueño.

49

Determinación

Aquí es donde te comprometes a dedicarte con todo a tu especialidad, para después darle a tu sueño.

Escribe una frase que te motive (algo a lo que realmente te comprometas).

Mi próxima meta:

Ejemplo 1: Soy Juan y seré el mejor fotógrafo aéreo.
Ejemplo 2: Soy Juan, soy fotógrafo, pero comenzaré a avanzar en mi sueño: ser bailarín.
Ejemplo 3: Soy Juan, hasta hoy era fotógrafo, pero a partir de mañana me dedicaré de lleno a mi sueño: ser bailarín.

Si te sirve, puedes agregar alguna leyenda ponedora como:

«No voy a descansar hasta lograr ser un experto en mi especialidad. Practicaré todos los días, no dejaré de avanzar TODO EL TIEMPO, consumiré información relacionada diario, dormiré, soñaré y comeré mi especialidad».

Mi compromiso es este, comenzaré a avanzar en mis sueños así:

- ☐ Veré videos y consumiré información relacionada.
- ☐ Tomaré cursos en línea.
- ☐ Tomaré cursos y diplomados presenciales.
- ☐ Haré actividades de lleno en las noches y fines de semana.
- ☐ Me dedicaré a mi sueño diario de medio tiempo.
- ☐ A la mierda, haré mi sueño de tiempo completo y mientras tanto, aceptaré chambas de mi especialidad para sobrevivir y pagar mi cambio de vida.

Ejercicio de enfoque

1. Escribe en cada recuadro una fuente de ingresos que tengas en la actualidad: chambas que sueles aceptar o servicios que sueles ofrecer (puedes usar *post-its*).

2. Recorta los recuadros para que te quede una fuente de ingresos en cada papelito.

3. Sigue las intrucciones en la siguiente página.

Fuente de ingresos 1 **(Tu especialidad). Ejemplo: Fotografía aérea.**	**Fuente de ingresos 2** **Ejemplo: Fotografía para bodas.**
Fuente de ingresos 3 **Ejemplo: Fotografía para 15 años.**	**Fuente de ingresos 4** **Ejemplo: Fotos de grupo en primarias.**
Fuente de ingresos 5 **Ejemplo: Retoque de fotografías.**	**Fuente de ingresos 6** **Ejemplo: Tacos de canasta los domingos.**

4. Pon el papel de tu especialidad en la mesa o en tu regazo.

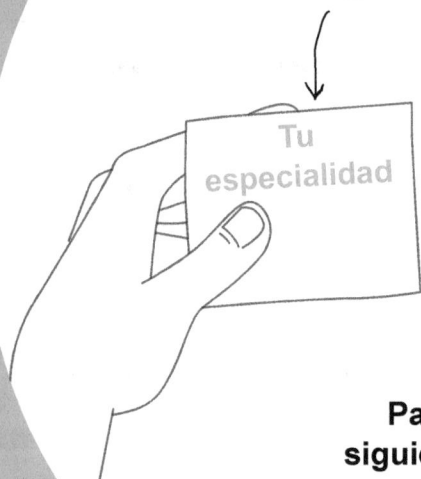

Tu especialidad

5. Junta el resto de los papelitos así:

Fuentes de ingresos

Pasa a la siguiente hoja.

6. Ahora rompe los papelitos

(excepto el de tu especialidad)

Si yo fuera Jodorowsky, te pediría que orinaras encima de esos papelitos para que te quede bien clara la señal que estás enviando a tu ser (pero, si quieres, solo quémalos o cómetelos o algo).

¡Enfócate solo en tu especialidad!

Si ofreces muchos servicios, te vas a convertir en *El Chambitas* y eso no te llevará a nada.

Velo de esta forma, si quieres trabajar en producciones extranjeras o de alto presupuesto, ¿a quién crees que buscarán los líderes del proyecto: a un experto o un chambitas que hace poquito de todo?

Hazte un chingón en una cosa y después podrás cambiar de especialidad.

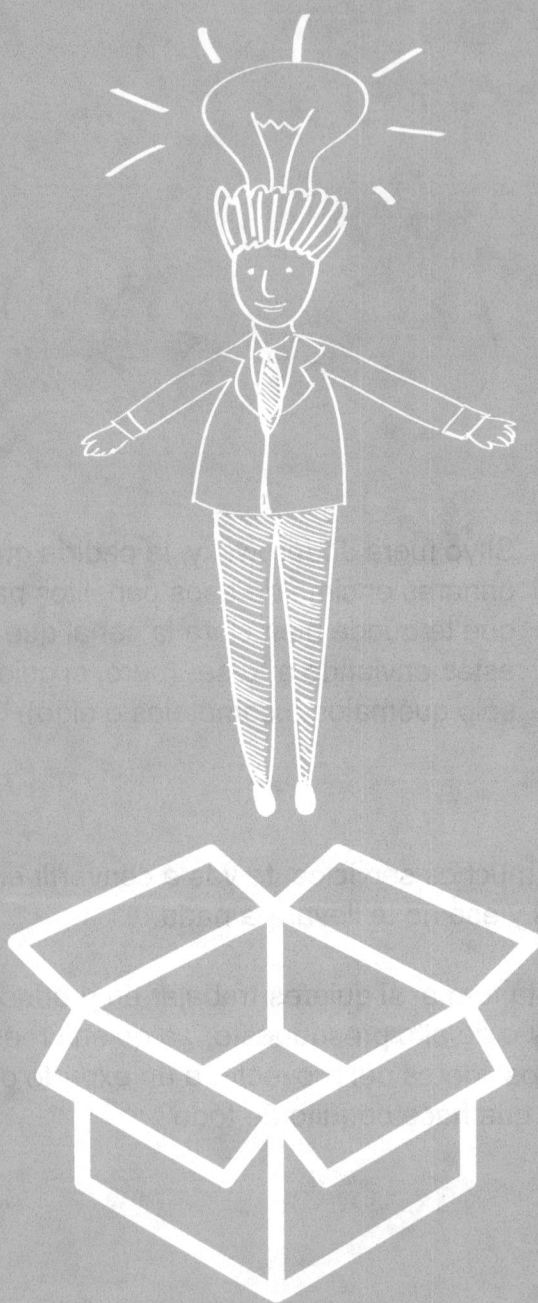

2

Eres un producto, una marca

Eres un producto en el aparador de los freelancers

Escritor

Fotógrafo

Abogado

Si esto de **ser un producto** te suena raro y te hace sentir incómodo, quizá debas pensar bien si quieres ser freelancer, ya que promocionarte es parte fundamental de ser independiente.

La cara de tu producto
Somos mamíferos visuales

Nos sentimos atraídos por la imagen, así que debes poner mucho énfasis en cómo se ve la presentación de tus servicios.

Define tu producto

No se trata de ofrecer cualquier servicio que puedas, pues te arriesgas a convertirte en *el chambitas* o un todólogo.

Hacer mil cosas hace que se diluya la energía que podría estar enfocada en volverte experto en una especialidad.

El Chambitas

El Especialista

¿Tortillas o pasteles?

A la hora de crear tu producto, decide qué es lo que quieres: ¿hacer muchas tortillas baratas o unos pocos pasteles caros?

Tortillas: Hacer algo que muchos pueden hacer (habrá más clientes, más ventas, pero más competencia y menos dinero por cada venta).

Pasteles: Especializarte en algo que pocos hacen (habrá menos clientes, menos pedidos, pero más dinero por cada trabajo que hagas).

Promuévete sin miedo, o con miedo, pero promuévete

Si quieres tener chamba cuando seas viejito, dile a todos quién eres y qué haces. Nadie te recordará si no entras en sus mentes.

¡Debes ser conocido tú, como persona!

Tu sitio web debe ser:
tunombre.com

No te vendas como una empresa

No digas «nosotros en MexDiseñoPonedor ofrecemos los servicios de diseño editorial».

Sobre todo en los medios creativos, los clientes no quieren necesariamente contratar a una empresa, sino a una persona responsable que les entregue buena calidad y a tiempo, punto.

Da más confianza un freelancer cumplidor, que una pequeña empresa desordenada.

Soy Juanito y soy un chingón.

Juanito

¿A huevo quieres tener una empresa?

OK, pues aún así, el nombre de la empresa debe ser TU NOMBRE.

¿Te suenan empresas como Armani, Ferrarri, Ermenegildo Zegna? Empresas gigantes sustentadas en el nombre y la credibilidad de su fundador.

Los seres humanos nos hacemos seguidores de personas, más que de empresas.

J W W C

JUANITO´S WORLD WIDE CORPORATION

NO TE PROMUEVAS

Anécdota:

Como director de Organika*, recibía muchos correos de quienes querían trabajar con nosotros:

Correo 1:

«Muy estimado Licenciado Fric Martínez, director de Organika. Muy buenas tardes, soy el Lic. Juan Gómez, estudié en el Centro Tecnológico Integral de Toluca, Edo. de México y tengo interés si no es mucha molestia, en visitar sus instalaciones si usted amablemente pudiera concederme una entrevista para hacerle entrega de mi hoja de vida, ya que estoy muy interesado en que se me evalúe para formar parte de su gran equipo de trabajo. Sin más por el momento, me despido con un cordial saludo. Gracias».

Correo 2:

«Hola, mi nombre es Juan Gómez, soy productor de video. Me gusta mucho lo que están haciendo en Organika, aquí les dejo mi *demo reel*, me encantaría colaborar con ustedes».

*Organika: Es un estudio de animación digital y diseño para televisión, cine y medios digitales. Lo fundé en 2002 junto con mi hermano José Matiella y Alex de la Peña.

COMO GODÍN

¿Cuál de los dos correos me daba más confianza? ¡Obvio el segundo!

Me hacía pensar que era alguien pro. Mientras menos palabras, más seguridad tienes en ti mismo.

Un freelancer que se respeta tiene:

- Logo
- Tarjetas de presentación
- Redes sociales
- Presencia en internet
- Marca personal
- Sitio web

Canasta básica del freelancer

Ama tu marca

¿Te acuerdas cuando trabajabas para tu jefe? Ahora invierte toda esa energía en desarrollar TU MARCA.

Desglosemos:

1. Logo.
Haz un logotipo de tu nombre. Es una buena forma de mostrar tu giro, creatividad y profesionalismo.

2. Tarjetas de presentación.
En un evento uno recibe muchas tarjetas de presentación y la mayoría terminan en la basura. ¡Evítalo haciendo que tu tarjeta destaque! Debe causar impacto en la gente, llamar la atención y mostrar tu creatividad.

3. Redes sociales.
La razón principal de usarlas es para tener presencia en el mundo digital. En esta era buscamos gente directamente en Instagram y no en directorios. Debes tener un perfil ordenado y atractivo. No sabes por dónde llegará tu próximo cliente.

4. Presencia en comunidades digitales especializadas.
Debes tener un perfil en las principales plataformas de tu industria, es muy importante que te puedan encontrar en todas partes.

5. Vivir tu marca.

La gente debe ver que eres fanático de tu marca. Debes transmitir que estás comprometido con tu trabajo y eres un clavado de tu chamba. Puedes tener una playera con tu logo, una gorra y hasta calzones… ok, calzones no… ¿o sí?

6. Sitio web.

Tu sitio no tiene que ser supersofisticado, de hecho debe ser muy sencillo y básico. No se trata de que los clientes naveguen en tu sitio por horas; al contrario, deben entrar y sin tener que picar ningún botón, decir:

«Wow, este cuate es superpro, contratemos sus servicios».

¡No te abrumes! En la próxima hoja hay una guía paso a paso para crear un sitio increíble y muy práctico.

Tu sitio web:

1 Tu logo
(tu nombre).

2 Imagen TUYA o de
tu trabajo. La idea
es que cuando
alguien entre,
en menos de un
segundo ya tenga
claro qué haces.

Debes verte buena
onda y profesional.
Recuerda que TÚ
eres tu producto.

3 Botones de
contacto; mail,
redes sociales y
teléfono.

4 A lado de tu foto
pon tu nombre
y lo que haces,
por ejemplo:
«Juanito Gómez,
fotógrafo».

5 Imágenes que
muestren trabajos
que hayas
realizado. Lo ideal
es que no tengan
que dar click para
verlas.

6 Area de contacto
que incluya
tus datos y un
formulario para
que te escriban.

Nota: Tu página debe
ser *onepager*, es
decir, sin botones,
que todo esté en el
home del sitio.

TU LOGO ①   ③ f ⃞ ◉ ✆

TU NOMBRE
Lo que haces ④

②

⑤

Dirección
Teléfono
Mail

⑥

enviar

Aunque te suene de flojera lo que te voy a decir:

TÚ debes crear y gestionar tu sitio web

Beneficio 1:
No dependerás de tu sobrinito-el-que-hace-páginas-web, o de cualquier programador.

Beneficio 2:
Mantendrás un sitio web VIVO, actualizado.

Beneficio 3:
Ahorrarás dinero al no contratar a nadie.

Existen herramientas muy fáciles para crear sitios web sencillos. El que yo recomiendo es wix.com

No hay pretextos como «No tengo tiempo, no sé nada de programación». Wix es tan fácil que destinándole unas horas podrás tener tu sitio listo, en unas semanas dominarás la plataforma y en unos meses serás experto.

> **Eso sí, es muy importante que adquieras tu propio dominio. Evita a toda costa que tu sitio sea: wix.com/ profile/juanitogomez. Te verás muy poco profesional.**

> **Anécdota:**
> **Yo no sé nada de programación pero soy bastante experto en Wix. Yo gestiono todo el contenido y me la vivo actualizando mis sitios.**

Nota: Si tienes un perfil de Instagram bien actualizado, activo y ordenado, puedes prescindir de un sitio web (así como lo oyes, en esa era vivimos).

¿No tienes *followers*?
¿Cómo sé que eres bueno?

Sé que es chocante, pero te tengo una noticia:
Así es el mundo en el que vivimos ahora y te tienes que acoplar.
Puedes conformarte con tener presencia en las plataformas dedicadas a tu industria, pero te perderás de todos los que buscan gente en redes sociales.
Debes entrar al juego (ni modo).

Qué horrible que solo escojen a las actrices con miles de seguidores.
Yo soy actriz y sé actuar, eso es lo que deberían evaluar los productores.
¿Por qué miran mi Instagram?

O sea, ¿ahora debo publicar fotos de mi desayuno?

¡No! Publica contenido que agregue valor, no tonterías

Pasos para tener una vida digital sana:

→ **1. Ten un perfil con tu nombre o seudónimo.**
No uses el nombre de perfil «RodGz69», sino «Rodrigo González» o de perdida «Rodrigo Design».

→ **2. Llena con datos verídicos la información de tu perfil.** Incluye tu teléfono (es tu sitio de ventas). En la sección de trabajo, pon «Abogado civil», en lugar de «Defensor de la humanidad». La gente debe ENTENDER lo que haces.

→ **3. Sube fotos en donde te veas como alguien buena onda, pero superclavado en tu chamba.** Las redes son los nuevos sitios web. Debes publicar una mezcla de cosas de trabajo y cosas personales. Sé auténtico.

→ **4. Eres una figura pública.**
Debes subir contenido constantemente para que te des a conocer (aunque no tengas tantos seguidores aún, sigue publicando).

→ **5. Interactúa con tus *followers*.**
La gente quiere relacionarse y chambear con gente feliz. Conviértete en un servidor.

Tip:

Lo que tienes que publicar es el **PROCESO** de cómo haces las cosas. La gente debe aprender de ti e inspirarse.

BIEN

Miren, descubrí cómo crear unas texturas bien padres con polvos y agua.
Las usaré para un video, pronto mostraré más sobre el proceso...

MAL

«Soy realizador de videos»

¡¡CONTRÁTAME!!

La opinión de los expertos:
¿Cómo fue tu inicio en el mundo freelance?

David Ruiz «Leche»
Director de cine

«Cuando empecé, nunca me vendí como una marca, no sabía que tenía que hacerlo. Mi trabajo iba generando más trabajo. Después entendí que mi seudónimo es mi marca, es fácil para los clientes recordarlo y tengo que venderme como tal».

José Matiella
Productor audiovisual e interactivo

«Creé un portafolio de mis mejores trabajos y comencé a mostrarlo a clientes potenciales. Ellos me ayudaron a crecer».

Iván Meza
Fotógrafo de publicidad

«Al salirme de una sociedad, mis clientes me siguieron pidiendo chamba y seguí dándoles mis servicios. Con el tiempo, contraté a un equipo pequeño y mi marca personal se convirtió en una microempresa».

Rodrigo Salom Freixas
Artista digital

«Comencé frecuentando sitios web donde se publican trabajos para free-lancers de mi área. Ahora mis clientes me recomiendan. Mantengo actualizadas mis herramientas de venta con el fin de darme a conocer. También busco colaboraciones y concursos».

Isabel Sommerz Best
Escritora y terapeuta

«Empecé con terapias de Flores de Bach, pero no funcionó por querer abarcar demasiado. Después mi marca se modificó a "Alquimia del Alma", un solo tipo de sesión (psicología espiritual). Empecé a verme como una empresa que necesitaba productos y marketing, fue cuando mi marca creció y el volumen de pacientes y cursos también».

Víctor Arenas
Abogado consultor para emprendedores y freelancers

«Trabajaba en una empresa tóxica y renuncié. Me percaté de que no había muchas herramientas al alcance de personas que están arrancando sus empresas, así que me dediqué a ayudar *startups*, emprendedores y freelancers. Hoy soy una marca que ofrece servicios legales personalizados».

Leandro Luna
Location sound mixer, cineasta, emprendedor

«Renuncié a mi empleo con la determinación de convertirme en una marca. Me puse a ofrecer mis servicios a productoras grandes, y después de unos años, al contratar a colaboradores, me convertí en una empresa para poder aceptar proyectos y desafíos más grandes. Ahora cuento con un grupo de freelancers que colaboran con nosotoros».

Alex Kong
Artista 3D, promotor de la industria de la animación en México

«Trabajaba en el mundo de la animación, y aunque ganaba bien, no me alcanzaba. Decidí crear mi pagina y una comunidad en Facebook que realmente despegó, entonces pude dejar mi empleo».

Tu nombre

Promociónate con tu nombre real (o si ya eres conocido con tu seudónimo, úsalo).

¡No te promuevas como una empresa!

Tu mail debe ser tunombre@gmail.com
(ni pierdas energía en tener un hola@juanitogomez.com, no hace falta).

Escribe el nombre que promocionarás:

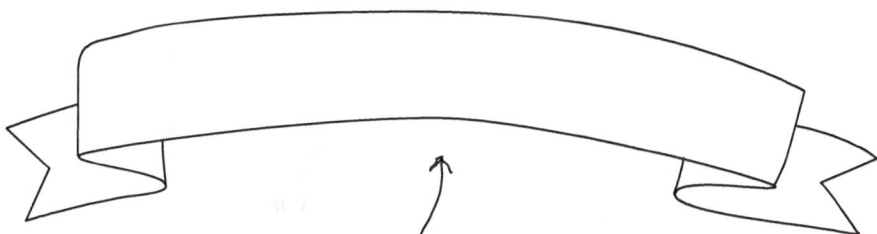

Agárrate porque este nombre
será conocido por todas partes.

Palomea dónde ya tienes tu nombre actualizado.

- Facebook
- Instagram
- Twitter
- Sitio web
- Correo electrónico
- Firma de mail
- Tarjetas de presentación

Eres un producto.
Sal del closet

Te invito a que hagas este ejercicio (no se lo mostrarás a nadie si no quieres, pero hazlo).

1

Toma tu fon

2

Ponlo en *selfie*

3

Graba un video de ti

Dí algo como: «Soy Juanito Gómez, soy ilustrador digital, metanse a mi perfil de Instagram para que vean mi trabajo y contraten mis servicios».

No es que necesariamente vayas a grabar videos *selfies* en el futuro (o que lo requiera tu chamba), pero debes entender que a huevo debes promocionarte. Velo como un ejercicio de práctica para cuando te presentes en el futuro con clientes potenciales.

¿Qué tan cómodo te sientes al grabarte?

↑   ↑

Muy incómodo: **Muy cómodo:**
Comerás Maruchan   **Comerás sushi**

Si no te conocen no tendrás chamba, así que debes salir a promocionarte. Si te da pena que todos te vean, ve al psicólogo y trabaja en tu interior para que regreses a ser ese niño que se atrevía a bailar delante de toda la familia ridículamente.

Arma tu CV

1. Arriba izquierda: foto tuya. La gente tiene que verte, no uses gafas de sol; debe verse tu cara y transmitir que eres buena onda.

2. Arriba a la derecha: tu nombre y profesión.

3. A la mitad: mostrar solo lo más relevante de tu carrera (educación, empleos pasados, premios y éxitos que has cosechado).

4. Abajo a la izquierda: una o dos imágenes que muestren tu trabajo (solo si eres creativo, si no agrega una lista con dos o tres de tus proyectos más importantes).

5. Abajo a la derecha: tus datos de contacto (correo electrónico, teléfono y LinkedIn).

Tip 1: intenta que todo quepa en una sola página / imagen.

Tip 2: dale un diseño interesante que muestre tu personalidad y creatividad.

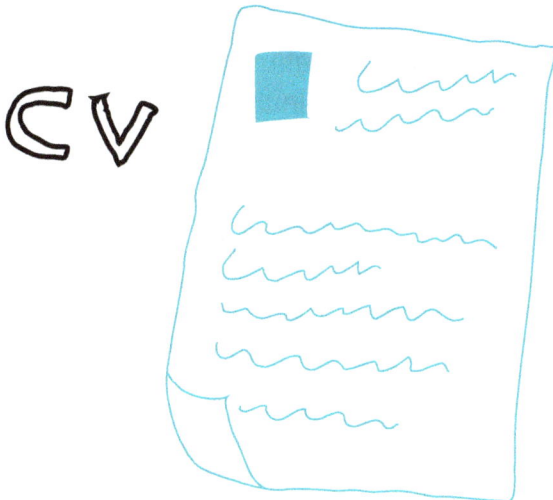

Paquete gráfico de un freelancer que se respeta:

Palomea lo que ya tienes y ponte a crear todo lo que te falta:

☐ Logotipo de tu nombre o seudónimo.

☐ Tarjetas de presentación: busca en Google: «plataformas para crear tarjetas de presentación», son baratísimas.

☐ Redes sociales: Toma cursos en línea sobre cómo mejorar tus redes para usarlas como herramienta de venta.

☐ Sitio web: te sugiero crear tu sitio en una página como wix.com.

☐ Crea tu perfil público en Instagram.

☐ Video de presentación: graba un video de menos de un minuto que contenga esto:

Crea un video de presentación de 50 segundos

Pizarra de tres segundos	Fotos y videos de lo mejor que haz hecho	Cierre de cinco segundos
Nombre o seudónimo	No importa que muestres pocas cosas, pero que sean buenas	Nombre y contacto

Sube este video a tus redes sociales, a YouTube, a tu sitio web e incluso ten una versión para enviar por WhatsApp y correo electrónico.

3

Venta y promoción

Vender es como ligar

Cuando te acercas a ligar con alguien y te ves muy urgido, nadie te pela. La desesperación se huele a metros de distancia.

Como en el ligue, al vender, no te muestres urgido de chamba o dinero. Eso sí, háblales a tus posibles clientes haciéndoles entender que te interesa el trabajo, pero no lo *necesitas*. Demuestra la pasión que tienes por lo que haces.

Cómprate que ya eres ese gran freelancer ultraexitoso y compórtate como tal

Lo más importante: ¿Qué quiere tu cliente?

A veces nada más nos centramos en lo que nosotros queremos ofrecer, sin contemplar que para que tú tengas chamba, alguien debe NECESITAR de tus servicios.

En la primaria gané el premio al mejor dibujo de «El niño y la mar»; salí en la revista de mi colonia dos veces; el año pasado fui a Coachela...

MAL

Dentro de todos los procesos que se llevan a cabo en tu empresa, ¿en qué puedo ayudarte?

BIEN

Necesito saber cuál es el producto, quién es tu cliente, qué quieres lograr con este trabajo, dónde se transmitirá, para qué público, por cuánto tiempo, en qué países, ¿prefieres los perros o los gatos?, ¿cuál es tu sabor de helado favorito?

Cliente →

↖ TÚ

Y... ¿dónde están mis clientes?

Busca a tus clientes potenciales en revistas, sitios web, redes sociales, créditos de las películas, entre tus amigos y conocidos, o hasta tus exjefes. Invierte tiempo en buscarlos y contactarlos.

Debes hacer que tus posibles clientes sepan que existes y eres una persona real, así que: conócelos presencialmente.

92

¡Promociónate! Haz que tus clientes también lleguen a ti

Marketing digital, bases de datos, relaciones públicas, *networking*, redes sociales

Marketing digital

Para vender tus servicios te debes anunciar

No te espantes con lo del marketing digital, solo necesitas aprender lo básico funcional.

Las plataformas se esmeran en darte herramientas que de verdad funcionen para que puedas anunciarte en redes sociales de una forma muy sencilla.

Tienes que tener presencia en las distintas plataformas para poder llegar a tu público objetivo. Por eso te comparto los siguientes

BÁSICOS DEL MARKETING DIGITAL

Las dos formas principales para anunciarte son:

Google Ads:

Tu objetivo debe ser que tu información esté disponible en los buscadores y en diversos sitios que se alimentan de Google Ads. Puedes pagar para que tus posibles clientes te encuentren más fácilmente (¡imagínate ser el primer resultado de la lista!) y hacer anuncios para aparecer en la navegación de gente que busca lo que tú ofreces.

Facebook Ads:

Importante: desde Facebook puedes crear anuncios para que se muestren en Facebook, Instagram y prácticamente todo internet. La idea es que, al verlos, los usuarios se dirijan a tu página o a tus propias redes. Por eso, ¡recuerda tenerlas en orden! (Foto de perfil, nombre, información de tu negocio, buenas fotos que muestren tu trabajo y tu persona). A partir de ellas puedes crear anuncios que te permitan llegar justo a la gente que necesitas.

El famoso embudo:

No le grites a todos sobre lo que haces. Trabaja en una segmentación para llegar a la gente adecuada

Si eres chilango y te dedicas a dar fisioterapia a futbolistas, no quieres que tus anuncios sean vistos por abuelitas yucatecas... Puedes limitar tus campañas para que se muestren solo a quienes tengan ciertas características.

Por ejemplo:

Lugar: CDMX.
Edad: 20-40 años.
Sexo: Masculino.
Intereses: siguen páginas de futbol, canales de deportes, revistas de deportes, marcas deportivas, medicina deportiva.
Dispositivo: que sea visto solo por quienes tienen iPhone 7 en adelante (para que seas visto por gente que tiene presupuesto).
Horario: puedes decidir qué días y a qué horas se muestre tu anuncio.

Tip: puedes activar la función de wifi para que tu anuncio aparezca solo a quienes estén conectados a una red de internet, para asegurarte que la gente no esté en la calle y tenga tiempo de ver lo que ofreces.

Mejor contrato a alguien que me lleve mis redes sociales...

Ay, ajaaa. Si a veces no tienes para la renta, no vas a pagar por un servicio que puedes hacer tú mismo.

Siempre tienes tiempo para aprender a crear campañas en redes sociales.

Ya que estés más estable podrás contratar a alguien para que te ayude con eso.

Algunos tips para tus anuncios:

1. Mucha imagen: somos seres ultrareceptivos a las imágenes y tu comunicación debe ser inmediata. ¡Aprovecha el recurso visual! Usa una foto que llame la atención (enamora a tu audiencia con algo llamativo).

2. Video: la clave es usar videos cortos que tengan un inicio muy atractivo. La gente no invertirá más de unos 2-3 segundos en tu contenido a menos de que la atrapes con algo muy vistoso.

3. *Copy*: se le llama *copy* al texto que acompaña tus imágenes. El principio de tu texto también tiene que ser muy llamativo. Puedes empezar con una pregunta o una afirmación que haga conectar de inmediato al espectador. Después de eso debes poner lo que ofreces de forma muy entendible (sin rodeos).

4. La promesa: no solo digas lo maravilloso que eres o lo que ofreces, dile a la gente lo que obtendrán por contratarte. Así como la promesa del título de este libro: «Conviértete en un freelancer chingón».

5. *Call to action*: dale una orden a la gente para que sepa qué hacer, por ejemplo: visita mi sitio, descarga mi ebook, haz click aquí, etc.

> **Nota:** para información más completa sobre marketing digital, te recomiendo mi curso de Marketismo en la Fric App (la puedes descargar en fricmartinez.com

¡Recuerda!

Tienes que ser localizable en las plataformas para freelancers como Fiverr, Behance y fricmartinez.org

Para ello, tienes que hacer un perfil en todas las páginas de tu industria y postear publicaciones recientes para que te encuentren fácilmente (así serás parte de los resultados, pues serás un usuario activo). Cada plataforma es distinta y tendrás que acoplarte a ofrecer tus servicios de la manera que mejor te funcione en cada una de ellas.

@gmail.com
@outlook.com
@yahoo.com

Consigue bases de datos

Así como tú recibes correos de mil cosas que no te interesan, tú debes encontrar la manera de transmitir tu información a clientes potenciales (siempre y cuando no llenes de *spam* a todo el mundo).

¡Inténtalo tú!
Para armar una base de
datos puedes:

1. Regalar algo digital. Por ejemplo: haces una
publicación en redes que diga «descarga mi ebook».
Entonces, los invitas a que den click a un *link* que los
lleva a un formulario en tu sitio donde diga: «escribe el
correo en el que deseas recibir el ebook». ¡Listo!

2. Da algo presencial: organiza una exposición de tu
trabajo en algún lugar interesante, regálales una chela y
pídeles sus correos en la entrada.

3. *Leads*: Facebook tiene una función interesante. Se
trata de un tipo de campaña de anuncios llamada *Leads*,
con la cual recopilas información básica de quienes den
click a tu anuncio de una forma muy sencilla. Al usuario le
aparece un pequeño formulario ya respondido, de forma
que solo hace falta picar «enviar» y ya estás.

Mister RP

Saca ese lado social que llevas dentro y consigue productores, vendedores, alianzas y *brokers* (gente que se dedique a conseguirte proyectos).

Todo mundo debe saber a qué te dedicas para que puedan promoverte y beneficiarse de tus servicios.

Ofrece un porcentaje de comisión a quienes te consigan chamba.

¿Alguien quiere vender mis servicios a cambio de una comisión?

¿Cuánto darle de comisión a quienes venden tus servicios?

Hay dos formas básicas de comisión por venta:

1. Si alguien promueve tus servicios y logra concretar la venta de un proyecto, le das el 15%.

2. Si alguien te da el contacto de un posible cliente y tú concretas la venta, le das el 7% (se le llama *finders fee*).

Quítate la pijama y sal a hacer networking

Está bien que trabajes en casa, pero no olvides que sigue existiendo el mundo ahí afuera.

Es decir, gente real que interactúa y contrata a personas reales.

Promoción a través del Networking

No hay mejor forma de penetrar en la mente de tus clientes que a través del corazón. Cuando te relacionas con ellos de forma presencial, entras en sus vidas y si lo haces bien, serás recordado.

Relaciónate con ellos como amigo (sin lambisconear) para que te conozcan como persona. Tus clientes son mamíferos sociales y les encanta tener un nuevo amigo. Además, es mucho más probable que le den un trabajo a alguien que les cae bien que alguien que solo les manda correos sin conocerse.

Recuerda: dales tu tarjeta y pídeles la suya. No te olvides de ese segundo paso, pues así podrás hacer el seguimiento también de tu lado si es que a ellos se les olvida escribirte.

Es superimportante hacer *follow up* con tus contactos. El proceso es más o menos el siguiente:

1. Lo conoces

2. Le caes bien y te aseguras de que te ubique la próxima vez.

3. Le pides su tarjeta (y le das la tuya).

4. Le escribes o le llamas para agendar una cita donde puedas mostrarle tu trabajo con detenimiento. Lo ideal es preguntarle qué tipo de servicios de tu área necesita.

5. Llegas con una presentación modificada y adaptada a las necesidades que ya sabes que tiene. Le dices que no esperas que te dé chamba ese mismo día, sino que quieres que te conozca y te contemple.

6. Esperas una semana y le escribes para preguntar si pensó en algún trabajo para ti.

7. Si no sucede nada esperas un mes y vuelves a escribir. Si no pasa nada, tendrás que esperar unos buenos meses para no intensearlo.

Hay veces que pueden pasar años sin que te den un trabajo. El chiste es que estés en contacto con muchos posibles clientes para que no dependas de tan solo unos pocos.

¡Vender es más importante que tener un producto!

Si inviertes tu tiempo en crear o mejorar tu producto o servicio, está bien. Pero debes invertir tu energía en hacerle saber a todo mundo que existes.

De nada te sirve tener un producto increíble que nadie conoce.

Date una vuelta por los lugares donde se reúnen tus clientes y habla con ellos

(Ojo: no lo forces ni te sobrevendas)

¿Ustedes hacen producción? ¡Yo soy maquillista!

Sé un *stalker* profesional

> Solo no los agobies como un psicópata.

Paty M. Dueñas

ME GUSTA 👍   69 AMIGOS EN COMÚN   AGREGAR

> Sigue a tus clientes y agrégalos como amiguitos en redes sociales. ¡Dales *likes*!

La opinión de los expertos:
¿Cómo promueves tus servicios?

David Ruiz «Leche»
Director de cine

«La verdad, yo no me promuevo. Como director de cine, mi industria ya me conoce y me recomienda. Así que más bien me muevo haciendo networking. Como director de videos para publicidad, me vende mi productor ejecutivo en la página de la casa productora».

José Matiella
Productor audiovisual e interactivo

«Tengo gente que vende mis servicios. Es complicado para un freelancer conseguir clientes, debes de salir de tu rutina y destinar un buen tiempo a desarrollar tu negocio. Eres *one-man-army*, y si no le destinas tiempo a todo, el jale no sale».

Iván Meza
Fotógrafo de publicidad

«Tengo a una persona que se dedica a conseguirme citas con posibles clientes. Yo me encargo de visitarlos y vender. Me promuevo como marca y ofrezco mis servicios de asesoría especializada y ejecución de fotografía de calidad».

Rodrigo Salom Freixas
Artista digital

«Cuando eres empleado y freelanceas, puede ser difícil darte a conocer, ya que tienes que ser discreto en tu empleo (no quieres convertirte en su competencia). Yo lo que hice fue hablar con mis jefes y decirles mi intención de ofrecer mis servicios a los clientes (servicios distintos a los que ellos ofrecían). Les escribí un correo a los clientes para visitarlos y mostrarles mi portafolio».

Isabel Sommerz Best
Escritora y terapeuta

«Me promociono a través del networking y en redes sociales. Aunque la mayoría de mis pacientes llegan por recomendación, mis *posts* me permiten mantener una buena reputación y generar contenido interesante para mi comunidad».

Víctor Arenas
Abogado consultor para emprendedores y freelancers

«Yo utilizo tres canales: networking, redes sociales y búsqueda en internet (busco clientes potenciales y les mando una propuesta)».

Leandro Luna
Location sound mixer, cineasta, emprendedor

«Busco la forma de contactar con los productores que generan los proyectos que me son más afines, les pido una junta y me voy a presentar (vender) con ellos».

Alex Kong
Artista 3D, promotor de la industria de la animación en México

«Me promuevo a través de mi sitio web, un blog y constante presencia en línea (me aseguro de que mis publicaciones aporten valor). Los clientes llegan a mí por el posicionamiento y por recomendación».

¿Quién es y dónde está tu cliente?

No te esperes a que te caiga una chamba, ve a donde estén tus clientes.

Escribe en los círculos los lugares en donde trabaja el tipo de gente que podría pedirte un trabajo. Ahora, mándales un mail y preséntate con ellos mostrándoles tu chamba. Lo mínimo que debes lograr es que te den su opinión sobre tu trabajo.

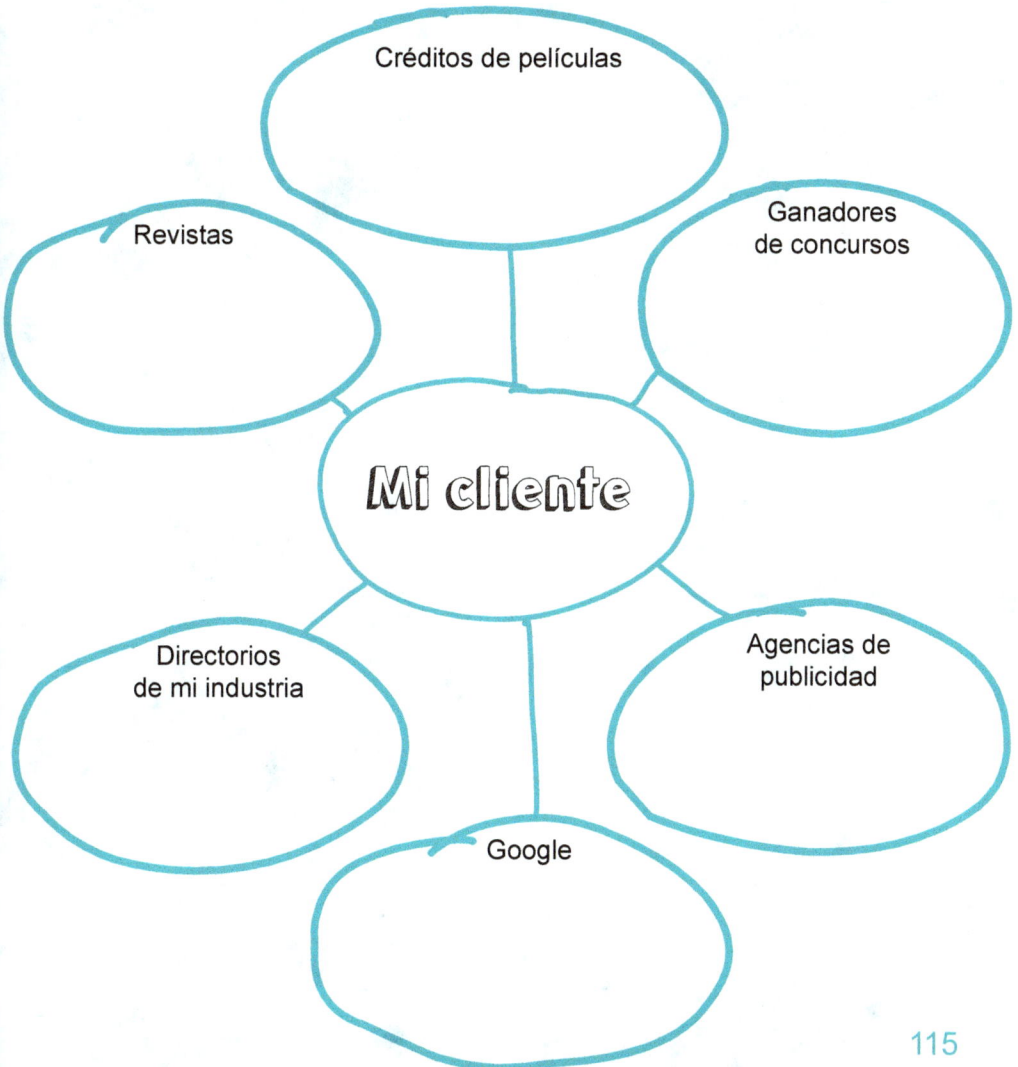

Créditos de películas

Revistas

Ganadores de concursos

Mi cliente

Directorios de mi industria

Agencias de publicidad

Google

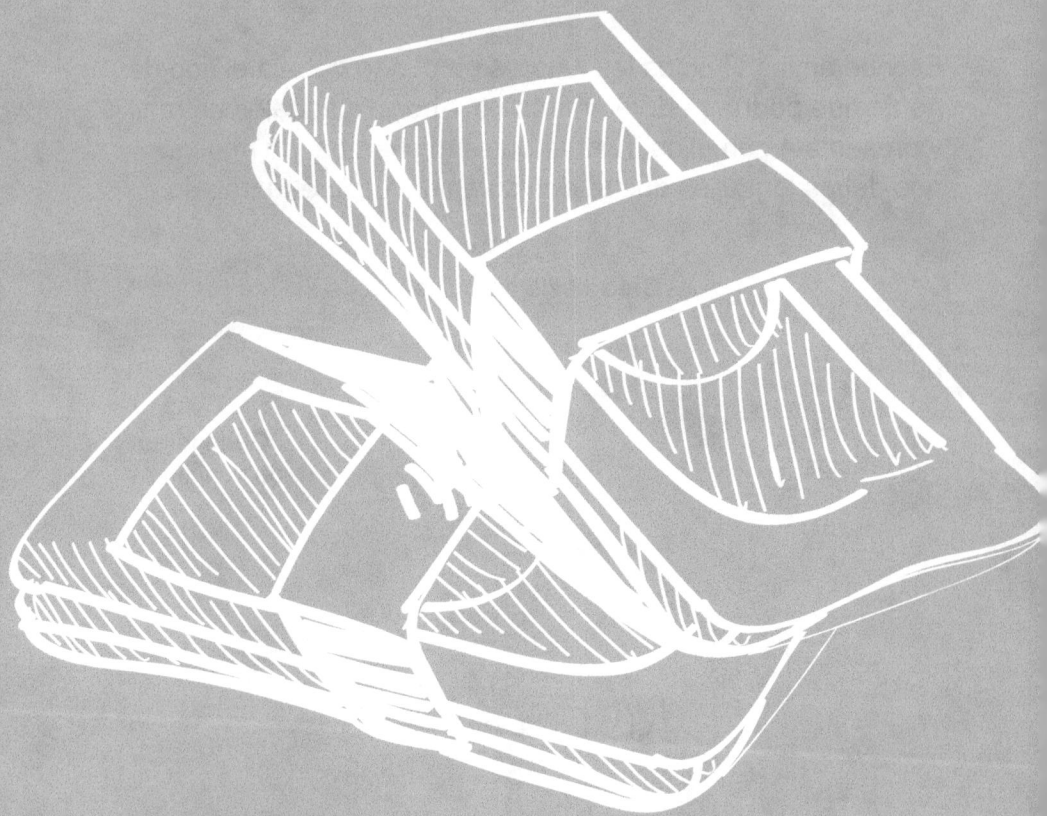

4

Cotizaciones
y cobranza

Obsesiónate con los procesos

Mejorar procesos es una superinversión; mientras más orden tengas, menos trabajarás en el futuro.

Ruta crítica de un proyecto

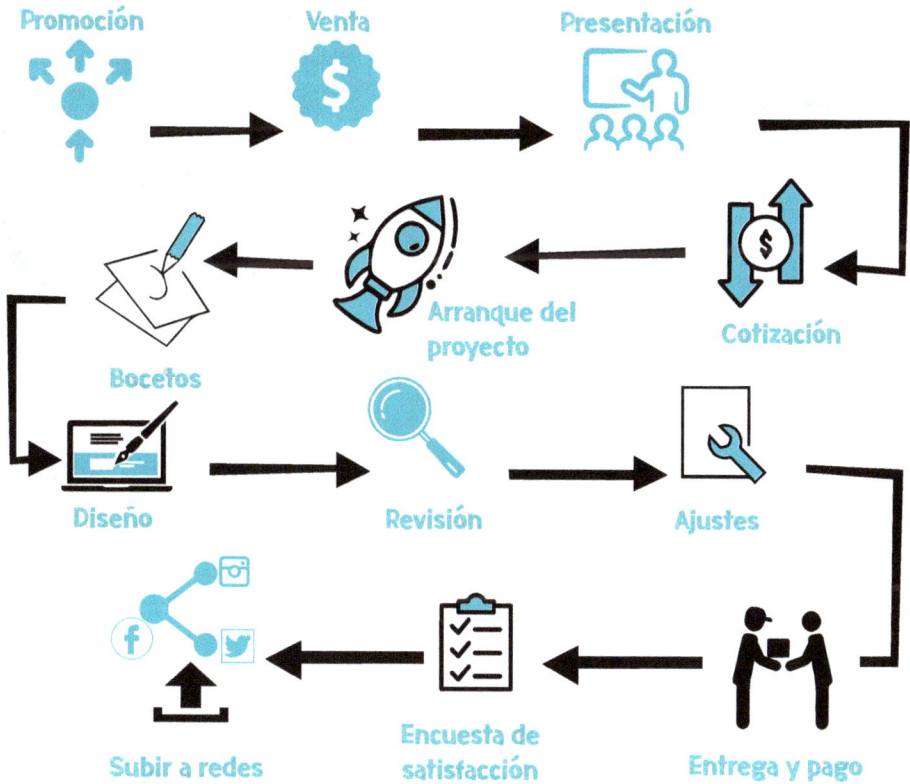

Promoción → Venta → Presentación

Cotización → Arranque del proyecto → Bocetos

Diseño → Revisión → Ajustes

Entrega y pago → Encuesta de satisfacción → Subir a redes

Debes conocer bien tus procesos para que puedas cotizar y trabajar más acertadamente.

¡Documenta tus trabajos para que tengas un mapa!

Muéstrale al cliente el proceso que usas para atenderlo

Es una buena oportunidad para que vea lo profesional que eres y también sirve para dejar claro cómo es trabajar contigo

Calendario

Lo que hablamos

Mis trabajos

Nuestra junta

Cotizacion
$

Fase 1 ✓✓✓
Fase 2 ✓✓✓

Tiempo de entrega

Propuestas

Puedes pararte el cuello diciendo cosas como:
«Primero tendremos una junta presencial o por teléfono, después te enviaré por correo una minuta de lo que hablamos, adjuntando mi cotización y un calendario del proyecto, donde detallo las fases del proceso y cuánto tiempo tardaré en cada una de ellas. Una vez aprobado eso, enviaré las primeras propuestas tres días hábiles después para ser revisadas, etc…»

Haz cotizaciones profesionales

Si eres ordenado y profesional ante tu cliente, será más fácil que se respeten tus condiciones de trabajo.

Hazte de buena fama.

Pregunta sin pena

Antes de cotizar, pregunta mil cosas al cliente, que quede bien claro el trabajo que se realizará.

Intenta enterarte lo más posible del proyecto.

Mientras más información tengas, mejor fluirá todo el proceso.

¿En qué medios se transmitirá el trabajo? ¿Por cuánto tiempo? ¿Para qué audiencia? ¿Te puedo volar una taza de café?

Condiciones y políticas

Agrega las reglas del juego a tu cotización

Ve agregando nuevas condiciones conforme te vayan sucediendo inconvenientes con tus clientes, quizá tengas que poner cláusulas como:

«El pago se hará por medios electrónicos». O quizá cosas como: «El trabajo consiste únicamente en lo estipulado en esta cotización».

124

¿Cuántos cambios hacer por proyecto?

Odiamos los cambios, pero tenemos que hacerlos. ¿Cuántos? Los que hayas acordado con tu cliente desde el inicio.

Puedes agregar en tu cotización:
«Habrán dos rondas de cambios» (por ejemplo).

Tip 1:
Mientras más le metas a la preproducción, menos riesgo de que haya cambios.

Tip 2:
Muestra avances al cliente para que no haya sorpresas al entregar.

¿Sí te molesto si le firmas aquí, porfa?

Intenta firmar un contrato antes de empezar un nuevo trabajo.

¡Que te lo crea tu abuela! Todos sabemos que eso no va a pasar. Intenta lograr lo más parecido a un contrato, por lo menos un mail o WhatsApp donde tu cliente apruebe y confirme la cotización y sus condiciones.

Tip: Intenta mantener la conversación con tu cliente por un solo medio y que sea texto, no audios. El chiste es que puedas documentar las conversaciones para hacer cumplir los acuerdos.

Cuántas chambas aceptar

Ten en cuenta que cuando aceptes un trabajo, invertirás tiempo en corregir, cobrar, imprimir, enviar, renderizar, cotizar nuevos proyectos, ir a la lavandería y al dentista, y todo lo que no contemplaste.

Es mejor aceptar pocos proyectos para entregar más calidad, que atascarte de clientes y quedarles a todos mal.

Compite con CALIDAD NO CON PRECIO

No abarates tu trabajo. Si quieres obtener un proyecto, haz una propuesta de alta calidad para que te escojan por bueno, no por barato.

Las ventas son una guerra, pero si los freelancers abaratamos nuestros precios por competir, es una guerra que perdemos todos. Al final, solo acostumbraremos a los clientes a precios bajos.

La mejor publicidad: De boca en boca

Para lograr que la gente se exprese bien de ti, solo hay una regla: **Entregar calidad, mucha calidad.** Pero no solo en el producto final, sino en todo el proceso. Debes esforzarte por que sea **DISFRUTABLE** trabajar contigo de inicio a fin. **Hazlos adictos a ti.**

Es muy bien parecido

¿Parecido a quién?

KARMA LABORAL

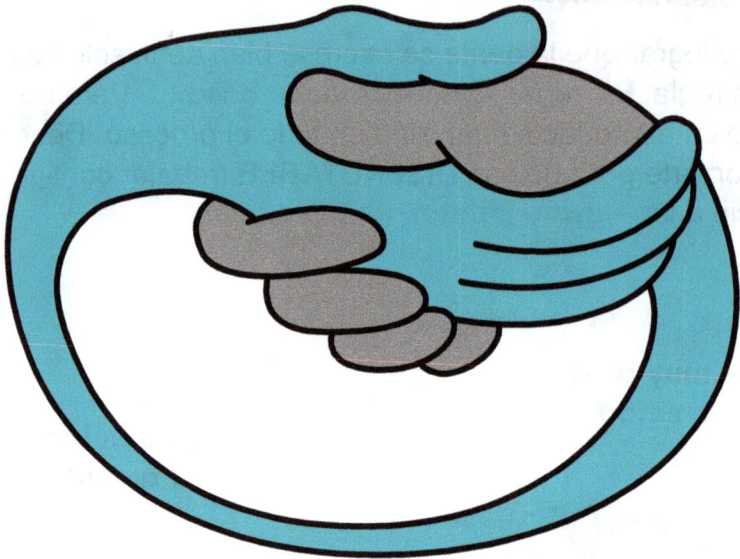

Eventualmente se invertirán los papeles.

Es muy común que alguien que fue tu proveedor se convierta en tu cliente algún día, así que pórtate bien porque nunca sabes qué vueltas dará la vida.

¿Cuánto debo cobrar por mis servicios?

Aquí un tabulador casero y poco profesional, pero que te da una idea de cuánto cobrar por tu tiempo como freelancer:

Calcula lo que necesitas de ingresos al mes.

Súmale el 20%.

Divide esa cantidad entre 20 días laborales (eso es lo que debes cobrar por día de trabajo).

Ahora divíde ese número entre 8 (por las ocho horas diarias laborales), ahí tienes tu precio aproximado por hora.

Nota: Al final de este capítulo podrás encontrar un ejercicio más completo para calcular lo que deberías cobrar por hora.

Otra forma de saber cuánto cobrar:

COMPARÍMETRO

Investiga lo que cobra
tu competencia y la
calidad que entregan. Haz
una comparación con
humildad, evaluando tu
calidad.

Debes cobrar lo más
posible por tu trabajo,
pero hay ciertos
estándares regulados por
el mercado.

Aquí entre nos:

puedes pedir cotizaciones a la gente que hace lo mismo que tú para saber cuánto cobran.

Mi sugerencia: utiliza un alias en lugar de tu nombre real.

«¿Por qué cuesta tanto?»

Al cotizar, debes desglosar todos los gastos operativos, es decir, tienes que hacer que tu cliente se entere de todo lo que gastarás para realizar su trabajo.

Por ejemplo:
- Impresión
- Ilustración
- Fotografía
- Retoque
- Iluminación
- Ayudante de *copy*
- Asistente
- Etc.

> ¿Me haces un descuentito? ¿*Plis*?

Puedes dar descuentos, sí, pero solo cuando realmente te beneficie; por ejemplo, cuando son varios proyectos los que estás cotizando a un mismo cliente.

La regla 2 de 3:

Cuando tu cliente te pide un trabajo bueno, rápido y barato, dile que escoja solo 2 de las 3.

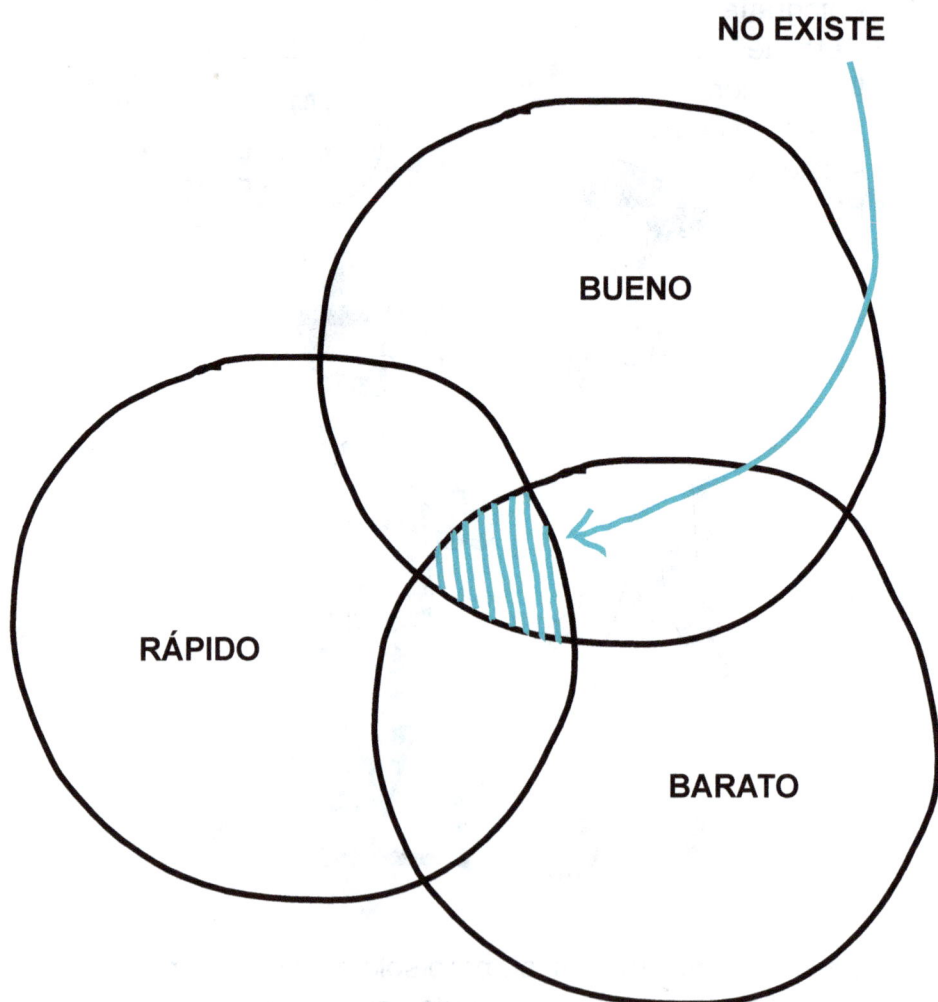

NO EXISTE

BUENO

RÁPIDO

BARATO

CÚBRETE. Pide un anticipo.

What?!?!

Los anticipos son una lana que te dan los clientes para que puedas pagar ciertas cosas que requiere el proyecto que cotizaste, y al final, al entregar el trabajo, te pagan el restante.

Por ejemplo, si te piden unos muebles, debes comprar madera, y ese dinero debe salir del cliente.

La neta es que cada vez es más difícil que los clientes den anticipo, pero **tenemos que pedirlo**. ¡Ni modo que seamos nosotros los que financiemos sus proyectos!

Cuando te deban dinero, cóbralo pronto

Mientras más tiempo pase, más difícil será cobrar

Es paradójico pero, cuando tu cliente tenga dinero, en lugar de pagarte primero por llevar mucho tiempo con la deuda, pensará algo como: «Este cuate no me cobra, mejor le pagaré a los que me andan jodiendo todo el día».

Hazte amiguis de la señorita de los CHEQUES

A veces sirve más ser amigo de la asistente que del cliente mismo. Ubica a la persona encargada de hacer los pagos de la empresa y trátala muuuy bien. Así entrarás en la lista de «proveedores buena onda».

Pérame, carnal, estoy a media plática...

jefe

El que molesta más, cobra

Si se tardan en pagarte, molesta a tu «amiga» la de los pagos. Si no pasa nada, escribe un mail a quien te pidió la chamba y cóbrale; si no responde, mándale un mensaje, si no, llámale por teléfono, si no sucede nada, ve a su oficina a buscarlo, si no te recibe, te esperas hasta que salga de su oficina para ir al baño y lo abordas para que te vea a los ojos.

Hazte la fama de «el proveedor que siempre quiere su dinero a tiempo y molesta a todo mundo hasta que lo obtiene».

¿No tienes nada que hacer?

Ponte a cobrar

Perdón por ser aguafiestas, pero gran parte de ser freelancer es cobrar. Cuando no tienes mucho trabajo seguro preferirías entretenerte con tus videojuegos, pero debes agarrar el teléfono y estar dispuesto a vivir momentos amargos: **cobrar.**

¡Dame mi dinero!

Veo que mucha gente se siente muy incómoda al cobrar.

Tú trabajas por lana **(y amor)**, igual que tu cliente e igual que todos. No temas cobrar por cada gota de energía que gastes.

Haz un retiro espiritual o ve a terapia o algo que te ayude a quitarte el estigma de que cobrar es ser mala onda.

«¿Ya me quieres cobrar? No seas ojete»

Si tu cliente se convirtió en tu amigo y te da pena cobrarle, ve al baño, mírate en el espejo y date una bofetada bien duro mientras repites tres veces en voz alta:

Hice un trabajo, deben darme mi dinero; ¡es mi maldito dinero!

Saca tu lado BITCH

Los freelancers somos bien buena onda (rayando en la pendejez). Ahora debes sacar el lado cobrador y determinado que llevas dentro. No evites el conflicto.

Leí por ahí una frase:

«El éxito reside en tu capacidad de tolerar situaciones incómodas».

Tienes que cobrar, no evites lo incómodo de una situación que trata del dinero que necesitas para pagar la colegiatura de tus hijos.

Quizá sea bueno que
practiques frases como:

«No te voy

a entregar

el trabajo

si no me

pagas, como

acordamos»

Los freelancers
olvidamos hasta lo que
nos deben (en serio)

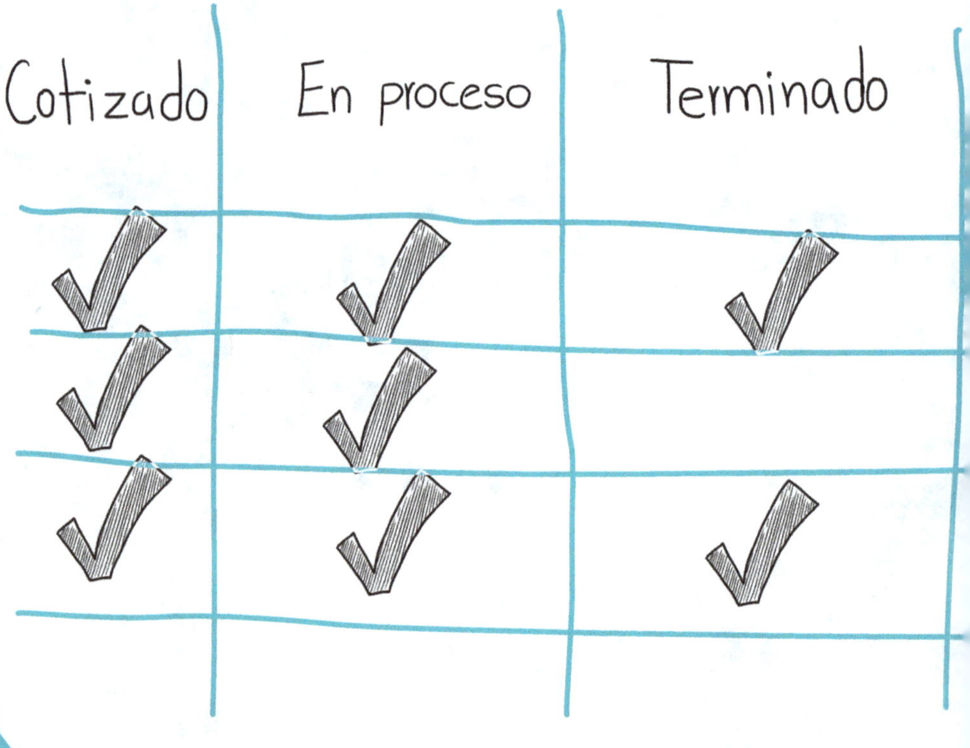

Cotizado	En proceso	Terminado
✓	✓	✓
✓	✓	
✓	✓	✓

Ten un archivo bien ordenado con los pagos pendientes para que no se te vaya ninguno. Puedes marcar tus proyectos así:

Fase de Cambios	Factura entregada	Falta por cobrar	Cobrado
	✓		✓
✓			
✓		✓	

Más vale prevenir
que lamentar

Pide referencias sobre el cliente que te está contratando para saber su reputación (sobre todo cuando estás cotizando un proyecto grande).

Pregunta abiertamente a todos los de tu medio, sin pena.

151

¿Qué hacer con los clientes que no pagan?

Si de plano pasa el tiempo y tu cliente no te paga, quémalo en la hoguera de la lista negra: fricmartinez.org y con tus contactos del medio.

No se trata de ofender a nadie, sino de acusarlo con la comunidad para evitar que otros caigan en su trampa de rata.

Lista negra de Fric Martínez.

Ahora sí, repite conmigo:

Manifiesto del freelancer

Querido cliente:

- No trabajo gratis.

- Acordaremos tiempos de entrega y de pagos y se respetarán.

- Cualquier trabajo adicional al cotizado, se cobrará.

- No soy tu esclavo, no eres mi dueño, no me llames a las 4 AM.

- Eres mi cliente y te respeto, pero somos iguales (humanoides persiguiendo la chuleta).

- Seamos felices y tratémonos con cordialidad y profesionalismo.

- Ahora, dame más trabajo porque deseo crear cosas increíbles para ti y que me des cada vez más chamba y dinero.

La opinión de los expertos:
¿Cómo es tu proceso de cobranza?

David Ruiz «Leche»
Director de cine

«Sobre cuánto cobrar, te aconsejo que llames a tus colegas y a tu competencia y pidas una cotización para estar en el mismo rango. Sobre cómo cobrar, lo que yo hago es pedir el 50% de anticipo (o lo más cercano a eso) y no les entrego el trabajo hasta que me paguen».

José Matiella
Productor audiovisual e interactivo

«Al cotizar, dejo claras las condiciones de pago: 50% de anticipo y 50% contra entrega. Si el cliente es recurrente, puedo ser más flexible».

Iván Meza
Fotógrafo de publicidad

«Conocer tu competencia, estudiar el mercado y ser autocrítico te ayuda a saber cuánto vale tu trabajo. Para que te pague tu cliente: investígalo antes de empezar, pídele anticipo, y si no existe esa posibilidad, que todo quede redactado por correo para tener elementos legales para defenderte».

Rodrigo Salom Freixas
Artista digital

«Siempre pido un anticipo y entrego el trabajo cuando me pagan. Tip: con el anticipo busco cubrir todos los gastos del proyecto por cualquier eventualidad».

Isabel Sommerz Best
Escritora y terapeuta

«Yo solo logré evitar problemas de cobranza pidiendo el pago por anticipado. No agendo citas a mis pacientes si no me pagan antes. Debes quitarte la pena de cobrar por lo que haces. Si te ven inseguro, te ven la cara».

Víctor Arenas
Abogado consultor para emprendedores y freelancers

«Mi consejo a los freelancers: reciban pagos por PayPal, terminal bancaria, etc. Darle la posibilidad al cliente de pagar con tarjeta de crédito es la diferencia de que te contrate o no. Otro consejo: dejar bien definidas las condiciones de pago».

Leandro Luna
Location sound mixer, cineasta, emprendedor

«Cobrar sin miedo. Si quedó clara la fecha de pago y los términos, no debería haber problemas».

Alex Kong
Artista 3D, promotor de la industria de la animación en México

«No liberar la chamba hasta que esté liquidada. Honestamente, a mí lo que más me ha servido es ser una persona bien posicionada en mi industria; nadie quiere quemarse con alguien conocido en el medio».

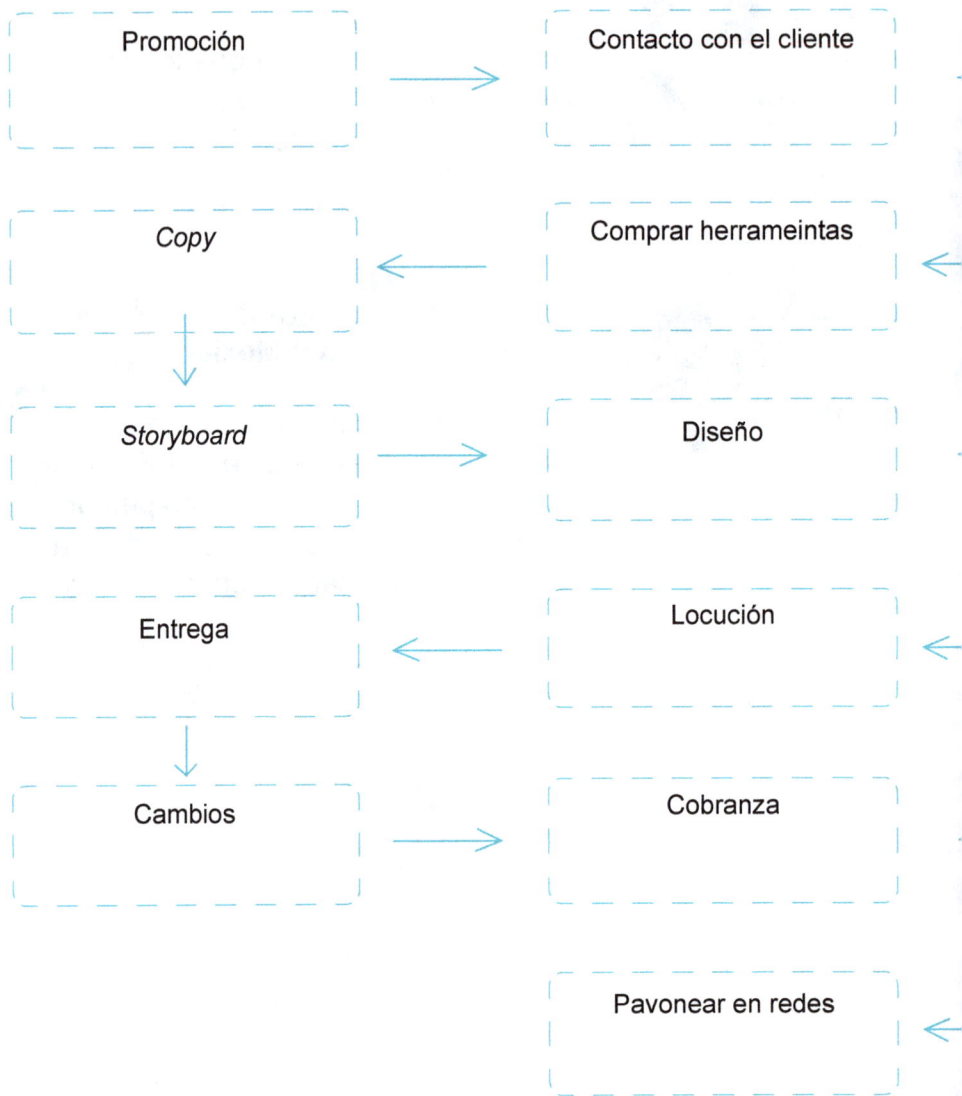

Procesos:

Promoción	→	Contacto con el cliente
Copy	←	Comprar herrameintas
↓		
Storyboard	→	Diseño
Entrega	←	Locución
↓		
Cambios	→	Cobranza
		Pavonear en redes

Escribe cómo son tus procesos al realizar un proyecto de principio a fin. Quizá necesites tiempo para ir llenando este ejercicio. El chiste es que termines conociendo perfectamente tu *pipeline* y sepas cuánto te tardas aproximadamente en cada fase. Así lograrás tener cotizaciones más precisas y disfrutarás más tu chamba. Por ejemplo:

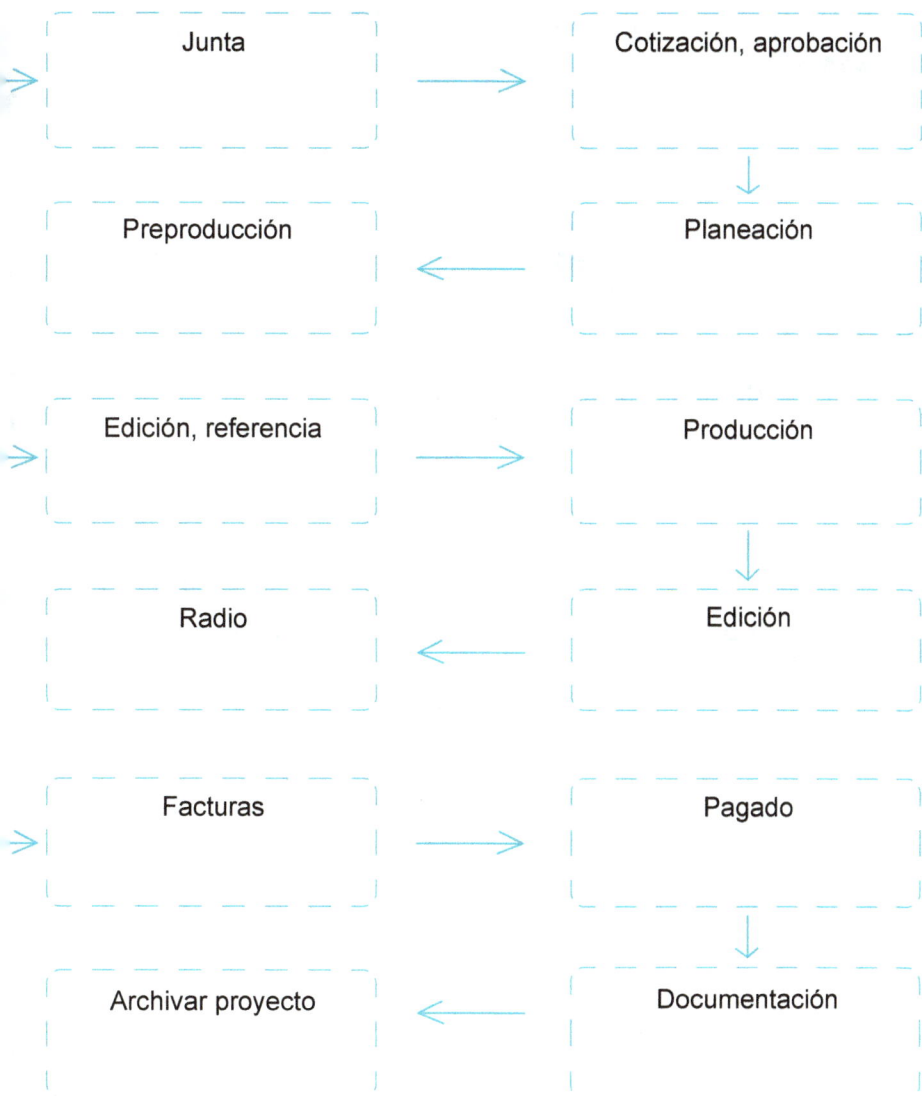

Junta	Cotización, aprobación
Preproducción	Planeación
Edición, referencia	Producción
Radio	Edición
Facturas	Pagado
Archivar proyecto	Documentación

Cuando tengas hecho tu mapa de procesos, crea un documento (o una imagen) explicando cómo es tu *pipeline*. Lo podrás enviar a tu cliente cuando estés cotizando un proyecto, para que él sepa cómo es trabajar contigo. Se va a llevar una muy buena impresión de ti.

1. Arma tu ad (uno en Facebook y uno en Google)

Facebook (incluye Instagram y otras plataformas):

1. Ve a Facebook.com/adsmanager.

2. Ve a Campañas.

3. Pica el botón Crear.

4. Escoge el tipo de campaña (si quieres llevar a la gente a tu sitio o algún lugar fuera de Facebook, usa Tráfico. Si quieres que la gente vea tu contenido, usa Engagement).

5. Llena todo lo que te pide (audiencia, localización, género, edad, intereses).

6. Define una cantidad de dinero (puedes ponerle un límite a la campaña o puedes dejarla corriendo).

7. Conecta tu cuenta de Instagram.

8. Agrega imágenes, videos y textos.

Google:

1. Ve a ads.google.com

2. Ve a la sección de Anuncios.

3. Haz clic en el botón de signo más (+) y selecciona la opción «Anuncio de texto».

4. Escribe la URL de destino, el título, la descripción y agrega los textos que te pide.

5. Guardar el anuncio.

Para una explicación más detallada, mira mi tutorial de marketismo en la Fric App o busca videos de YouTube que te expliquen cómo hacerlo. ¡Hay muuuchos y son muy útiles!

2. Redacta un mail de *follow-up* tras haber hecho networking

Recuerda la importancia de hacer *follow-up*. Si no te responde alguno de tus clientes potenciales, puedes insistir sin intensear, algo así:

«¡Hola!
No sé si hayas tenido oportunidad de ver mi trabajo... me gustaría mucho poder hacer un proyecto con ustedes.

¿Te parece si te visito en tu oficina para mostrarte lo que hago? Estoy seguro que podré aportar algo de valor a tus proyectos!

Saludos!».

Ahora inténtalo tú.

3. Contacta a alguien a través de internet

Una vez que tienes el contacto de un posible cliente (ya sea que lo hayas conocido en persona o por internet), este es el tipo de mensaje que sugiero que escribas, ya sea por correo o redes sociales:

«Hola, me gusta mucho lo que haces. ¡Me encantaría formar parte de tu equipo en algún proyecto! Soy fotógrafo con tres años de experiencia, te comparto este PDF de dos hojas, es una muestra de mi trabajo. Me serviría mucho que me dieras tu opinión sobre mis fotos. Saludos!».

Ojo: Debes ser preciso, buena onda, amigable, cercano (pero no tanto), halagador (solo si es verdad), y asegurarte de que te responda. Por eso es bueno pedirles su opinión, pues ayuda a abrir la conversación.

Ahora inténtalo tú.

Cuánto cobrar por hora:

Aquí un método (muy rápido y poco profesional) para saber tu costo por hora:

Suma tus gastos del mes:

Vivienda:

Renta:
Reparación:
Muebles/etc:
Comida:
Mascota:
Plantas:

Total:

Servicios:

Internet:
Luz:
Teléfono:
Agua, gas:

Total:

Diversión:

Cine:
Libros:
Chelas:
Salidas:

Total:

Higiene:

Jabón/shampoo:
Peluquería:
Productos de baño:
Papel higiénico:

Total:

Seguros:

De vida:
Gastos médicos:
Coche:
Equipo:
Ahorro:

Total:

Salud:

Gimnasio:
Médicos:
Medicamentos:
Dentista:

Total:

Vestimenta:

Ropa:
Accesorios:
Zapatos:

Total:

Transporte:

Gasolina:
Camión/metro:
Taxi-Didi:
Llantas/cosas:
Lavado de coche:
Tenencia:
Verificación:

Total:

Esta es tu meta del mes:

Total:
Súmale el 20%:

Este es tu costo por día:

Ese número dividido entre 20:
(por los 20 días laborales del mes)

Este es tu costo por hora:

Ese número dividido entre 8:
(por las 8 horas laborales del día)

A cobrar

Escribe en grande alguna frase que te ayude a recordar que tienes que cobrar por lo que haces (porque si no, nunca tendrás la abundancia que deseas).

Por ejemplo:

- Mi tiempo vale y debo cobrar por trabajar.
- Págame o no te entrego el trabajo.
- Si no me pagas te quemo en la lista negra de fricmartinez.org.
- ¡Dame mi dinero!

Frase:

En mi sitio encontrarás más recursos que pueden ser de utilidad, como machotes de cotizaciones, contratos, avisos de privacidad, etc.

Todo está en:
fricmartinez.com/freelancismo

Arma tu cotización:

1. Debe contener todos los datos (incluyendo los fiscales) de quien está cotizando (puede ser alguien más que tú). Asegúrate de incluir tu mail y teléfono para que te puedan contactar.

2. Logotipo de tu marca personal o empresa.

3. Minipresentación: no sobra que pongas una breve descripción de quién eres y qué haces (por si la cotización la ve alguien distinto a tu contacto).

4. Referencia: incluye una frase como «Con base en lo que hablamos por teléfono sobre tu necesidad de construir un escenario, aquí mi cotización...»

5. Entregables: aquí es donde no la cagas. Debes poner lo que le vas a entregar al cliente con el mayor detalle posible para que no haya malentendidos. Duración, horarios, cantidad de cajas, tamaños, materiales, TODO.

6. Fechas de entrega: bien claritas para evitar el chanchullo.

7. Precio: desglosa toda la información para que esté claro que todo lo que tú usarás para el proyecto cuesta dinero. (Obvio debes desglosar el IVA también).

8. Forma de pago detallada.

9. Fecha de vencimiento de la cotización.

10. Detalles: aquí es donde te pones las pilas para que no vaya a quedar nada fuera de este documento. Casi casi es un contrato; debes poner todas las cláusulas que se te ocurran para que no te la apliquen.

Ahora inténtalo tú.

5

Finanzas y legalidad

Tienes que tener tus finanzas sanas, no estar a la deriva

El típico caso del freelancer

Unas veces como sushi...

y otras veces, maruchan...

(por no mencionar cuando me comí la comida de mi perro)

A ver, repite conmigo:

«Cuando recibo un pago por un trabajo,

NO TODO EL DINERO ES MÍO.

Una parte es de mis proveedores, otra es del gobierno, otra es mi colchón y el resto es mío… No todo el dinero es mío… no todo el dinero es mío...»

¡Tengo mucho dinero!

NOT.

Gastos fijos
(la perdición)

Mantén los gastos fijos al mínimo.

Aunque te sientas optimista porque te cayó un proyecto muy redituable, ciérrale la llave a los gastos fijos.

No gastes en sandeces

Cuando vemos dinero en nuestra cuenta, nos sentimos millonarios y gastamos en cosas que nada que ver.

Por eso después de décadas no tienes casa propia ni nada de valor, mi amor...

Tu mamá

¡Tampoco gastes en sandeces futuras!

Estás trabajando en un proyecto y ya quieres comprar cositas. Peeeroo... Ese dinero aún no existe, no pienses en él.

Deja de soñar y enfócate en lo que realmente tienes. Uno de los mejores valores que puedes cultivar es la sencillez.

No, amigo, realmente solo tienes 5,000 y no has pagado la renta...

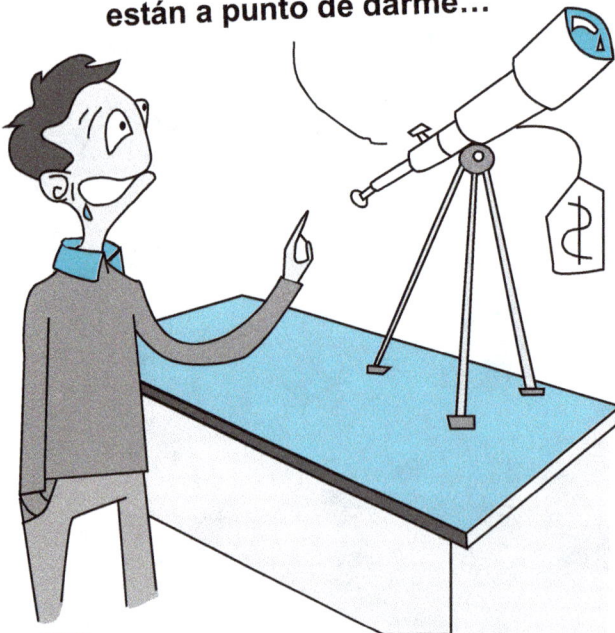

Tengo 5,000 en efectivo,10,000 que me deben y 20,000 de un proyecto choncho que están a punto de darme…

**Si necesitas comprar una herramienta de trabajo, hazlo cuando ya te hayan asignado el proyecto que la requiere.
Te vas a sorprender de la cantidad de proyectos que-casi-te-dieron, pero que nunca se concretaron.**

No inviertas si no tienes los pelos de la burra en la mano.

Proyectos que casi me dan este año:

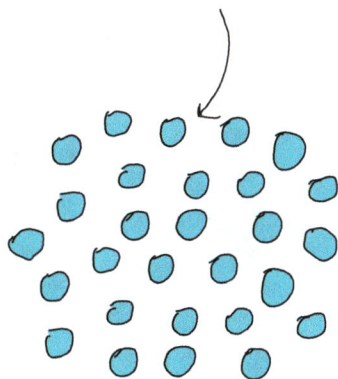

Proyectos que realmente me dieron y pagaron:

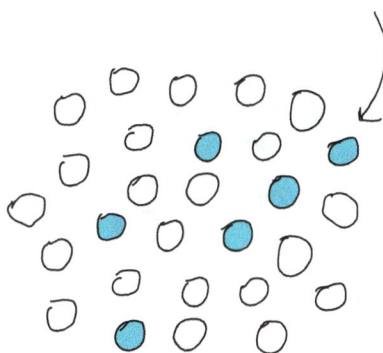

Para los meses bajos:
La ley del 20%

En resumen:

Cada vez que te cae un pago, guarda el 20% de colchón para los tiempos en los que no haya tanta chamba.

No vivas de la tarjeta de crédito

Y si la usas, que sea para emergencias.

Cuando tengas dinero, no pagues solo los intereses, sino el total.

Para trabajar por tu cuenta no deberías necesitar una inversión tan grande como para pedirle al banco

■ Los banqueros esperan una puntualidad de pagos que tú no tendrás.

■ Si te retrasas tantito, la llamada del banco será tu despertador en las mañanas.

■ Los bancos no perdonan, no les importas. No los quieres de enemigos: tienen abogados de tres metros de altura.

NO PIDAS UN CRÉDITO, ES EL DIABLO

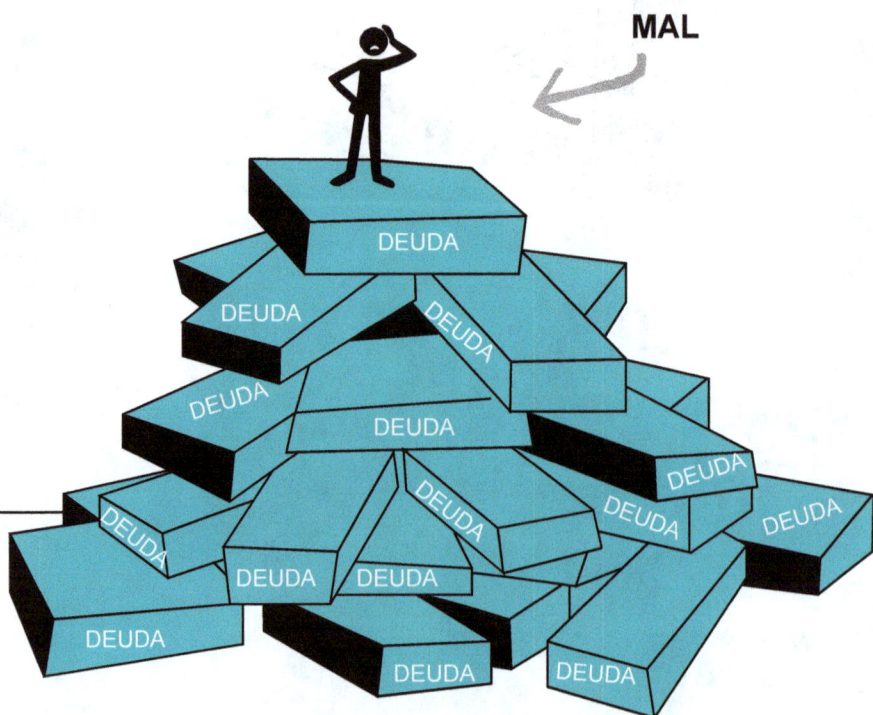

MAL

DEUDA
DEUDA DEUDA
DEUDA
DEUDA
DEUDA DEUDA DEUDA DEUDA
DEUDA DEUDA DEUDA
DEUDA
DEUDA DEUDA

Y entonces... ¿De dónde saco el dinero para crecer?

El dinero debe llegar por medio de pagos de clientes contentos, no de inversiones. Compra todo tu equipo con el dinero que te da tu trabajo, no te endrogues. Crecer con tus ganancias es crecer sustentablemente. Te hará más aguerrido.

No compres tu negocio, constrúyelo

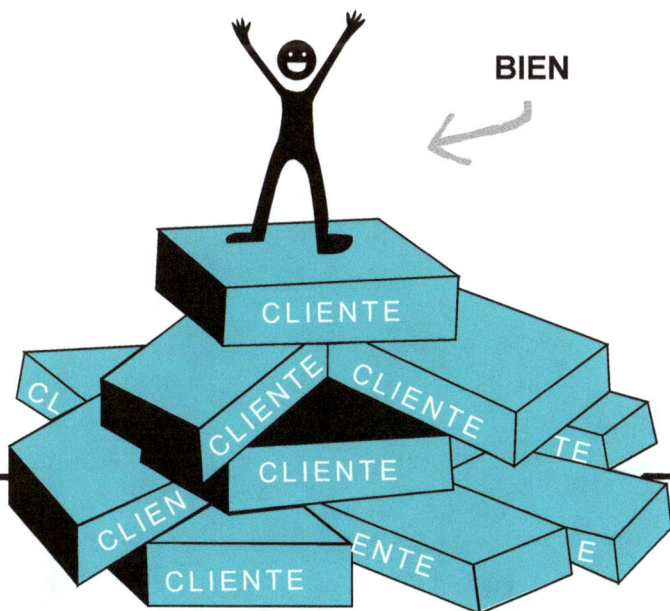

BIEN

CLIENTE
CL
CLIENTE
CLIENTE
CLIENTE
TE
CLIENTE
CLIEN
ENTE
E
CLIENTE

«Querido cliente: nos vemos en el cafecito de la esquina»

Ya no estamos en la era de presumir unas oficinas superlujosas; puedes recibir a tu cliente en un café o ir a su oficina.

Lo que vende es tu talento y ejecución, no las máquinas francesas para hacer café.

Hay un dicho que dice:

«empresa pobre, dueño rico»

Se refiere a que no llenes tu empresa de mil cosas supertecnológicas, sino que adquieras nada más lo necesario y con el dinero que te sobre:
CÓMPRATE UN DEPARTAMENTO.

Eres un freelancer (y un adulto), así que debes pagar impuestos

Mientras más ordenado y al día tengas este asunto, serás más feliz.

FREELANCER

SAT

Hay dos formas de darse de alta en el sistema tributario:

PERSONA FÍSICA:

Es una persona real: freelancer, emprendedor, autoempleado, independiente, profesionista.

Tipos de persona física:

1. Persona física con actividad empresarial. Se dedica a vender sus productos o servicios.
2. Socio o accionista. Quien recibe ganancias de una sociedad a la que pertenece.
3. Independiente. Cobra por fuera, sin factura y sin IVA, pero al usar tarjetas, cobrar cheques y recibir depósitos, está en la mira de Hacienda.

Impuestos que pagan:

- ISR: 10.5% (solo si recibes más de 12,000 mxn al mes).
- IVA: 16%.

PERSONA MORAL:

Es una entidad: *Startup*, empresa, sociedad, despacho.

Impuestos que pagan:

ISR: 30%.
IVA: 16%.

- ISR **quiere decir:** Impuesto sobre la renta.

- IVA **quiere decir:** Impuesto al valor agregado.

Cada año cambian las reformas y se recomienda estar bien enterado.

NECESITAS UN CONTADOR

Y todas las razones que tengas para no contratar a uno, se resumen en una palabra: hueva.

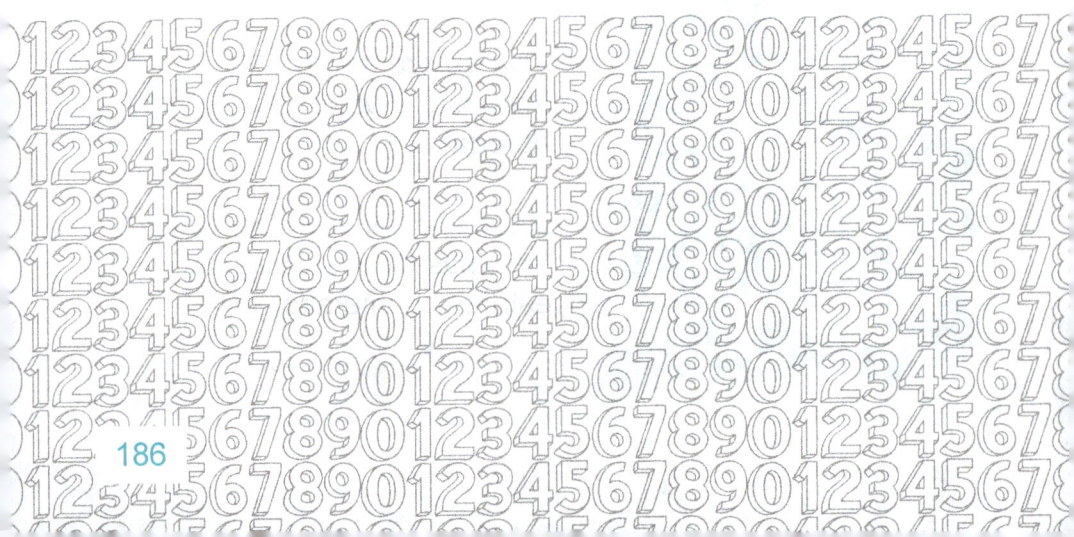

Contabilidad
(Ay, los contadores)

- **Consigue un contador en quien confiar**, que esté debidamente acreditado. No contrates a tu primo porque no te va a tratar profesionalmente y quizá luego hasta cambie de chamba.

- **Pregunta por contadores que sepan de tu industria entre tus colegas.** Analiza bien las opciones de contadores que tienes a tu alcance. Entrevístalos. No escojas uno a la ligera; compara y decide.

- **Checa si tiene la paciencia de atender a un freelancer como tú.** Dile que te explique paso a paso cómo va a ser el proceso de todo el año.

- **Debes de hablarle a tu contador como si le hablaras a un abogado que te está defendiendo de un crimen que sí cometiste** (le tienes que decir la neta).

- **Lo ideal es que tu contador te haga todo el cálculo,** pero que seas tú mismo quien pague en el portal del gobierno, así te aseguras de que el dinero no se lo queda él.

- **Si no te sientes a gusto con él, cambia de contador** antes de que sea demasiado tarde. Mucha gente pasa por muchos contadores en su vida, es normal.

¿Prestaciones? Mi trabajo

Los freelancers no tenemos prestaciones, pero tenemos algo mejor:

Determinación, automotivación, crecimiento y capacidad para generar mucho más dinero del que representan las prestaciones de un empleo.

- SUELDO BASE
- COMEDOR
- AGUINALDO
- CAJA DE AHORRO
- VALES DE DESPENSA
- SEGURO SOCIAL
- VACACIONES
- BONO DE PUNTUALIDAD

CHAMBA

Cuando te sorprendas pensando cosas como «debería estar ahorrando más, no tengo prestaciones para emergencias», ponte a trabajar mucho para que te asegures de estar generando dinero.

Es el mejor seguro.

Chamba

Ahorro

Gastos médicos

ME LA PELAN

Seguro de vida

Prestaciones

Cuando tengas estabilidad en tus finanzas puedes contratar un seguro de gastos médicos, de vida, de ahorro... esas cosas que cuando seas viejito vas a agradecer haber hecho.

189

¿Tienes dinero y no sabes qué hacer con él?

Si te está yendo muy bien y no eres de los que meten su dinero a inversiones y esas cosas, entonces invierte en tus herramientas, en mejores formas de promocionarte, en tus procesos, en generar más dinero.
¡Eres tu propio inversionista!

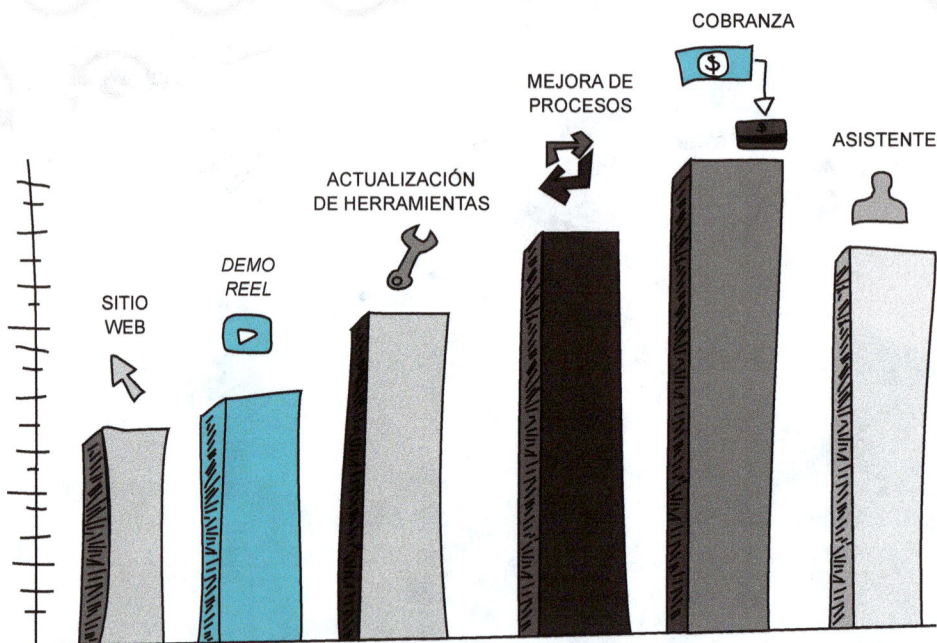

COBRANZA

MEJORA DE
PROCESOS

ASISTENTE

ACTUALIZACIÓN
DE HERRAMIENTAS

SITIO
WEB

DEMO
REEL

Herramientas

La opinión de los expertos:
¿Algún consejo sobre finanzas personales?

David Ruiz «Leche»
Director de cine

«En lo personal: no te gastes lo que no tienes. Punto. Solo planea con el dinero que tienes en la mano.
En lo laboral: evita gastos innecesarios. No contrates servicios a lo loco, intenta hacer tú mismo las cosas».

José Matiella
Productor audiovisual e interactivo

«No gastes en tonterías que no necesitas. Invierte el dinero en lo que te pueda dar más dinero. Así de sencillo».

Iván Meza
Fotógrafo de publicidad

«Saca un promedio de lo que cuesta tu nivel de vida al mes. Si te cae mucho dinero de un jalón, solo gástate el promedio. Así estarás ahorrando para las vacas flacas (que siempre estarán acechando)».

Rodrigo Salom Freixas
Artista digital

«En todos los giros hay temporadas de mucho y poco trabajo, hay que ir ubicando esas temporadas para no caer en la desesperación».

Isabel Sommerz Best
Escritora y terapeuta

«No gastes lo que no tienes. No generes deuda. Mantente alejado de todo crédito. Ahorra para los meses bajos. Guarda parte de tus ganancias para mantener tus prestaciones: ahorro, seguro de gastos médicos, etc».

Víctor Arenas
Abogado consultor para emprendedores y freelancers

«Separar lo personal del negocio. Llevar un control de gastos. Tener metas financieras claras».

Leandro Luna
Location sound mixer, cineasta, emprendedor

«Págale a un contador, debes ser administrado».

Alex Kong
Artista 3D, promotor de la industria de la animación en México

«Aaah... ¡las finanzas personales son todo un tema! La verdad no puedo presumir de haberlo dominado... Disciplina en la práctica es lo único que realmente da resultados».

Contabilidad

Necesitas tener perfil en Hacienda y un contador. Punto.
Es forzoso. ¡No seas *forever*! A la larga sufre menos
quien tiene orden financiero. No lo postergues.

- [ ] **Pide en redes sociales contactos de contadores que sepan de tu industria.**
- [ ] **Escribe los contactos de los contadores que te recomiendan y arma una lista.**
- [ ] **Escríbeles o llámales a todos.**
- [ ] **Entrevístalos.**
- [ ] **Cuestiónalos hasta el hartazgo, ponlos a prueba.**
- [ ] **Califícalos.**
- [ ] **Escoge uno y exígele resultados.**

Contactos de contadores:

Nombre	Contacto	Precio	Paciencia	Compromiso	Empatía	Conocimiento de mi industria	Calificación

6

La vida de un freelancer

¿Crees que la vida de un freelancer es tranquila?

jajajajaja deja me río

El problema no es tener tiempo libre, sino qué hacer con él.

Ser freelancer es un compromiso mucho mayor de lo que parece a simple vista. Toda esa libertad que sientes por no tener un empleo, debes contrarrestarla con autodisciplina, si no, vas a terminar deseando regresar a tu empleo para que te pongan la correa.

No te frustres con los altibajos económicos

Cuando eso pase, recuerda las razones
por las cuales decidiste ser freelancer.
Eso debe servirte de motivación.
No olvides tus metas.

No postergues lo esencial

Si tienes una tarea importante que realizar, no te llenes de cositas tontas que hacer, solo son una tapadera para no trabajar en lo importante.

Agárrate de la oreja y oblígate a hacer lo que sabes que tienes pendiente, por más incómodo y de hueva que sea.

El éxito es para los que hacen cosas incómodas (repito).

Distractor

Distractor

Distractor

«¿Tienes hueva de hacer cosas? Hazlas, con hueva, pero hazlas»

Diego Dreyfus

Todos los días hay algo que puedes hacer para avanzar

Arreglar tu escritorio, ordenar tu disco duro, actualizar tu base de datos o tu *demo reel* o tu sitio web, **hacer llamadas de cobranza,** crear un video para Instagram sobre tu último proyecto, desatorar procesos de hueva como desuscribirte de Tinder plus o crear tu perfil en Telcel para poder pagar tu teléfono desde la *app*. Hay mil cosas que puedes hacer. **Siempre.**

ORDENAR ESCRITORIO

ACTUALIZAR BASE DE DATOS

LLAMADAS DE COBRANZA

VIDEOS PARA REDES

AJUSTES AL SITIO WEB

¿PA QUÉ ME HAGO WEY?

«No trabajes por dinero, trabaja para aprender»

Robert Kiyosaki

Si solo trabajas por dinero, estarás limitado. Hacer dinero en este momento te podrá dar cierta libertad, pero si trabajas para aprender, te estás asegurando un futuro con más dinero.

¿Sientes miedo?
¿Tienes mucho tiempo de ocio?
¿Sufres de ansiedad?

Ponte a trabajar

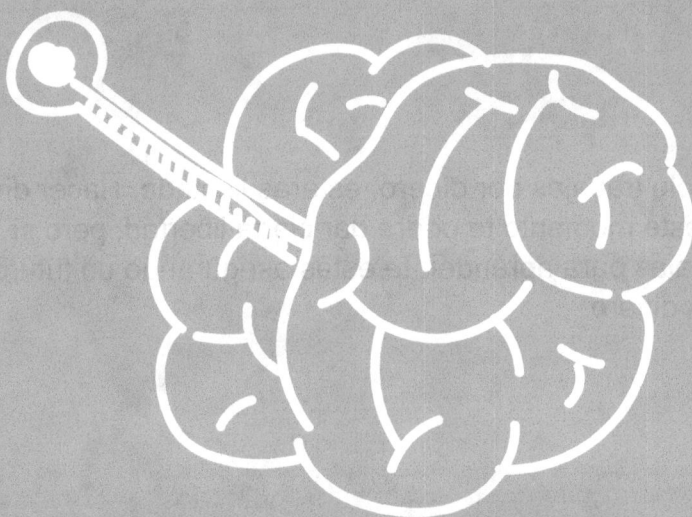

Date un encerrón de adulto:

- ✓ A las **tres** horas terminarás con tus pendientes inmediatos.
- ✓ A las **seis** horas terminarás con pendientes viejos procrastinados.
- ✓ A las **10** horas dejarás el terreno listo para mejorar tus procesos y vender más.
- ✓ A las **16** horas habrás convertido el miedo en entusiasmo (neta).

Sé tu propio jefe

Si tú fueras gerente en una empresa, ¿qué tipo de jefe serías?

¿Serías un jefe estricto o un jefe barco? Ese mismo jefe es el que serás contigo mismo.

Conviértete en un jefe estricto y mamón de tu propio producto.

Necesitas generar esa figura de autoridad dentro de ti mismo.

Ten un *homeoffice* chido

Si trabajas en tu casa, destina un espacio en el que te guste estar, donde puedas pasar muchísimo tiempo. No pongas tu compu en la mesa de la cocina o en la sala, ármate una estación con todo lo que necesitas. **Trabaja en un entorno ordenado y feliz.**

Simplifica tu vida

Lo ideal es poder generar mucho dinero invirtiendo la menor cantidad de recursos posible, y para eso debes trabajar en tener una vida sencilla, con la menor cantidad de presiones a tu alrededor.

No fumes todo el día

Si eres de los que se echan su vinito, caguama o pipa de la paz, ok, pero hazlo después de un día superproductivo y/o para producir. No tires tu vida y tus neuronas a la basura.

Después de esto, voy a renovar mi contrato del gas, ir a cobrarle a dos clientes y arrancar mi proyecto personal...

7 horas despés

Qué chida es
la mermelada
de frambuesa,
me cae…

Nada de excusas

Ya eres «dueño de tu tiempo», ahora no salgas con pretextos para no hacer ejercicio, hacer los trámites engorrosos (licencia de conducir) y también visitar a tu mamá.

Ahora cumples lo que te prometiste a ti mismo.

Haz todo lo que decías que ibas a hacer cuando soñabas con ser independiente.

Una cosa es trabajar en casa y otra cosa muy distinta es dejarte ir.

Mantenerte activo es la onda, sentir que estás haciendo algo positivo con tu vida te ayudará en los momentos difíciles.

Está ruda la presión

Sé que las cosas se ponen muy difíciles cuando eres independiente. Puede ser muy estresante vivir sin una entrada de dinero constante y a veces nos sentimos desesperados.

Mi sugerencia principal para no volverte (tan) loco es *espiritualizarte*.

¿Qué significa espiritualizarte?

La espiritualidad es aquello que te permite confiar en la fuerza que hace que todo suceda en este momento. **Tú eres esa energía.**

Recuerda que la vida se trata de ser feliz y para eso hay que lidiar con las adversidades de tu mente. La espiritualidad te ayuda a ver por encima de tus problemas personales. Cuando recuerdas que tú eres parte de la energía, las cosas se ven con mayor perspectiva. La espiritualidad es recordar que tú eres la vida y que todo estará bien.

No existe ningún ser humano que no sienta miedo y estrés de vez en cuando

La clave para no torturarnos en nuestra mente es vivir en el presente. Si te fijas, verás que todos tus problemas están, ya sea, en la nostalgia del pasado o en la incertidumbre del futuro. Para regresar al presente, utiliza alguna de las siguientes técnicas:

1. Siente tu respiración. Respirar es algo que haces involuntariamente, así que utilízala para sentirte vivo y en el momento presente.

2. Siente tu cuerpo. Todo lo que sientes es verdad, mientras lo que piensas puede llegar a ser mentira. Así que sentir tu cuerpo te hace olvidarte por un rato de tu mente parlanchina.

3. Optimismo. No olvides que lo que te digas a ti mismo se convertirá en realidad. Así que debes estar muy consciente para poder cacharte cuando te estás diciendo cosas gachas y cambiar la conversación interna. ¡Regálate un apapacho a ti mismo de vez en cuando!

Ya no puedo con esto de la freelanceada

Si de plano estás cansado de tanta presión y te sientes agobiado por la vida freelance, puedes regresar a ser empleado por un tiempo para lamer tus heridas. Eso sí, una vez que te estabilices, vuelve a darle con todo a tu sueño freelance.

FRELANCEAR DE NUEVO

La opinión de los expertos:
¿Qué hacer para no sentirte tan presionado? ¿Qué le dices a tu mente?

David Ruiz «Leche»
Director de cine

«Es lo más difícil. La verdad ahí es donde yo cojeo. Cuando baja el trabajo mi mente no para y se angustia. Lo único que puedo hacer es ser paciente, usar mi tiempo en las cosas que me gustan y pensar en proyectos a futuro».

José Matiella
Productor audiovisual e interactivo

«Si mantengo mi vibración elevada, aunque en este momento no tenga dinero, eso hará que pronto el dinero alcance mi vibración y esté físicamente en mi mano».

Iván Meza
Fotógrafo de publicidad

«En general yo no le digo a mi mente muchas cosas, ella es la que me habla a mí, y lo que me funciona es no creerle. Tip: Ahorra».

Rodrigo Salom Freixas
Artista digital

«Para aguantar vara lo único que me aliviana es chambear, así que me pongo a actualizar mi pagina web, busco concursos, encuentro dónde networkear. Casi nunca acabo de hacer todo eso porque cae chamba antes (ley de atracción)».

Isabel Sommerz Best
Escritora y terapeuta

«A mi mente le digo que lo que hago vale la pena, que el dinero llega naturalmente cuando le pongo energía a mis proyectos. Hay rachas de menos abundancia donde me toca recargar mi energía y ser creativa, y otras donde llega mucha y debo dar todo de mí».

Víctor Arenas
Abogado consultor para emprendedores y freelancers

«1. Metas claras, con esto sientes siempre un avance.
2. Disciplina y ejercicio, te mantiene sano mentalmente.
3. Chingarle y chingarle un chingo y después de eso, chingarle más».

Leandro Luna
Location sound mixer, cineasta, emprendedor

«Mediten, vivan en el presente. Cualquier problema tiene solución».

Alex Kong
Artista 3D, promotor de la industria de la animación en México

«Los éxitos y los fracasos son todos parte del infinito juego llamado "A chingarle, cabrón", no hay de otra».

A continuación
te comparto tres
ejercicios que
pueden ayudarte a
estar mejor:

Agradecimiento. La frecuencia mental que nos permite apreciar todo lo que tenemos es muy poderosa

1 Cierra los ojos y por un momento hazte consciente de todas las cosas que tienes; comienza con cosas básicas como comida, ropa, agua caliente, techo.

2 Después otras como familia, amigos, trabajo, coche.

3 Y al final más emocionales como educación, amor, espiritualidad...

4 Después abre los ojos y atrévete a ver las cosas con esa misma frecuencia: el agradecimiento. Tu día a día cambiará.

Vivir en el ahora. Recuerda que el pasado y el futuro son las energías que más nos atormentan. En el presente todo se vive con mucha más paz

1 Siente tu cuerpo, siente tu ropa, tu trasero en la silla, el aire... siente tu respiración por un momento.

2 No le hagas caso a tu cabeza por un rato, enfócate en SENTIR. Cuando haces eso, tu mente vive el presente. Esa es la meditación, poner tu atención en algo «real» como lo es sentir. Cuando piensas, sufres. Cuando sientes, vives en el presente.

3 Sigue sintiendo hasta que percibas un cambio en tu estado de ánimo. Puede tardar unos minutos. La regla es no hacerle caso a tu mente, la cual intentará convencerte de que eres miserable. Dile que por un rato no la escucharás, que solo sentirás la vida tal cual es.

Ley de atracción. Permítete desear lo que realmente quieres (estabilidad, abundancia, amor). La mente es mucho más poderosa de lo que crees

1 Para desear algo de verdad tienes que hacerlo desde el cuerpo. Ya que hiciste el ejercicio anterior y estuviste sintiendo tu cuerpo y tu respiración, ahora enfócate en sentir que ya tienes eso que deseas.

2 Percibe en tu cuerpo cómo te sentirías si ya tuvieras eso que quieres. Cuando lo piensas en la mente solo es un deseo banal, pero cuando lo sientes en tu cuerpo, es una orden «molecular», es una petición usando el lenguaje de la energía que eres tú.

3 Entra en la frecuencia que deseas y tu vida girará hacia allá. Atrévete a hacerlo, tu mente te va a decir que no puedes obtener esas cosas pero le dirás: «Cállate, ahorita estoy en el presente sintiendo con mi cuerpo lo que deseo». Te vas a sorprender de los resultados en unos cuantos meses.

7

El freelancer pro

La evolución del freelancer: No tener clientes, sino usuarios, consumidores, compradores, miembros

Hasta el momento has ofrecido servicios a tus clientes. Ahora debes crear productos para que se vendan sin que te enteres.

Si ya eres un freelancer establecido, aquí algunos pasos inmediatos:

- **Ser un freelancer pro.**
Esto quiere decir que todo sigue igual pero más ordenadamente. Conoces tus procesos, tiempos y costos perfectamente, de modo que los clientes reciben un servicio impecable de tu parte.

- **Delegar.**
Acostúmbrate a que otras personas hagan parte del trabajo. Consigue colaboradores y aprende a liderar gente.

- **Busca un aliado.**
Sugiero que te unas con alquien que haya creado muchos proyectos contigo. Solo puedes conseguir un buen socio cuando sufriste lo suficiente por haber hecho el tipo de chamba que él haría.

Cuando me preguntan cómo conseguir un socio les digo:

- Haz un servicio o producto tan bueno que serán ellos quienes te buscarán a ti.
- Mantente al día (más sobre eso en las próximas páginas).

Mañana serás un viejo obsoleto

Clásico, haces unas buenas chambas por unos años y los clientes te aplauden, y crees que ya eres el número uno y que te lloverá chamba siempre pero, sin darte cuenta, día a día te estás alejando de la frescura de tus inicios. Cada vez tienes más experiencia y calidad, pero también pierdes la actitud para conocer nuevas tecnologías. **Actualízate**. Invierte en tu conocimiento.

"No te duermas en tus laureles", diría mi tía Gladys.

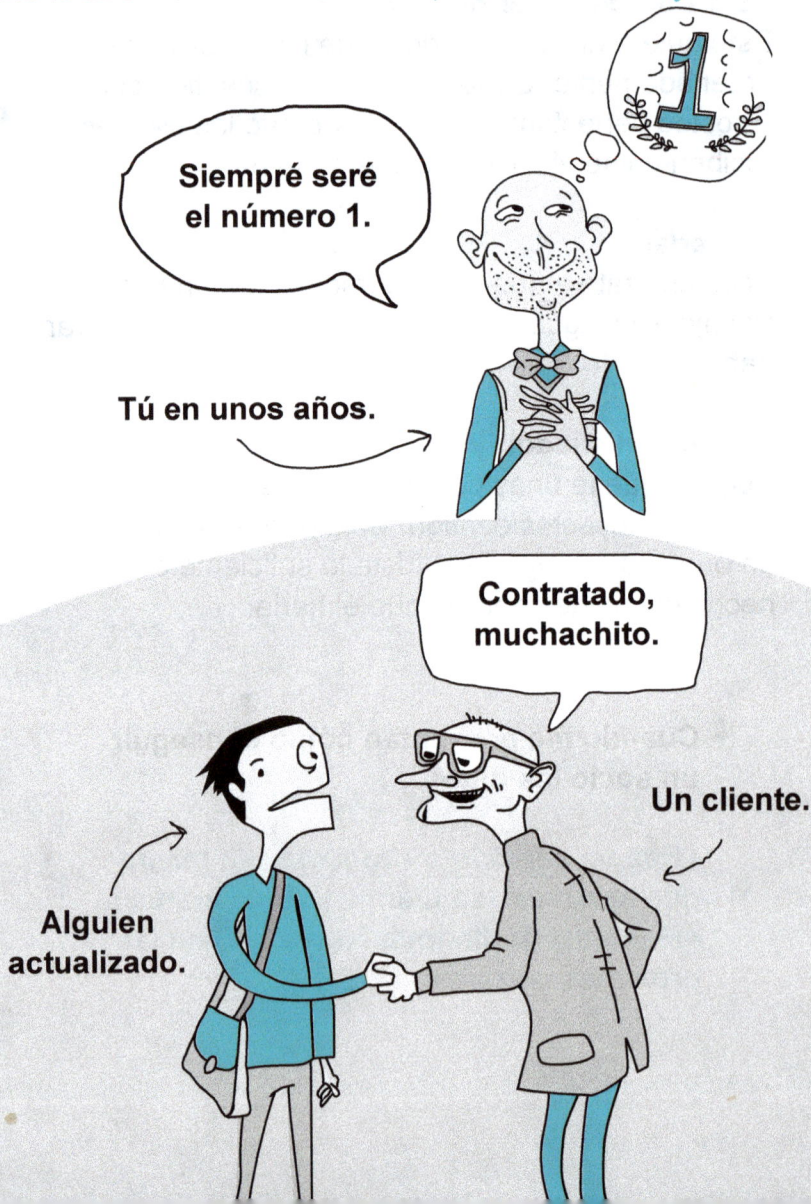

Siempré seré el número 1.

1

Tú en unos años.

Contratado, muchachito.

Alguien actualizado.

Un cliente.

226

Pero ¿cómo me actualizo?

Respuesta:

Toma cursos, ve videos de YouTube, asiste a conferencias o *webinars*, automatiza tus procesos, encuentra aliados que sepan cosas que tú no sabes y pídeles que te enseñen.

Recuerda el famoso dicho: «Si no puedes contra ellos, úneteles».

LA LEY DEL
80/20

Debes enfocar el 80% de tu energía en el 20% de las cosas que más te generan dinero. Es decir, el 80% de tu energía en el 20% de tus clientes.

Desecha toda la paja de tu vida.

El minimalismo te ayudará a tener más energía disponible para lo verdaderamente importante: tener una vida chingona y productiva invirtiendo la menor cantidad de recursos posible.

IGUALAS

Reglas para una iguala sana:

■ Ten clara la cantidad de trabajo que estás dispuesto a entregar a cambio de la paga; haz tus cuentas.

■ Deja bien estipuladas las condiciones de entregas y pagos.

■ Si los trabajos que te piden son similares, intenta automatizar lo más posible tus procesos para que hagas el trabajo más sistemáticamente, pero sin perder calidad.

■ Tener una iguala te permite contratar a alguien que haga parte de la chamba y así poder usar tu tiempo para dirigir el trabajo y buscar clientes nuevos.

■ De hecho, una iguala puede ser un buen principio para pasar de freelancer a microempresario, pues al delegar tendrás tiempo para crecer en otras áreas.

Una iguala es cuando un cliente te paga una cantidad fija mensual a cambio de que le entregues cierta cantidad de trabajo.

■ No te confíes. Si después de un tiempo, empiezas a sentirte muy seguro y cómodo y dejas de estar al pendiente de la calidad que entregas, puedes perder al cliente.

■ Mantén tu afán por tener un currículo de alta calidad, así que aunque tengas un cliente fijo, no dejes de sorprenderlo, entrégale cosas increíbles **siempre**.

■ No dejes a todos tus otros clientes. La persona con la que acordaste la iguala puede dejar de trabajar en la empresa que te contrató y te puedes quedar sin ese *deal*.

■ No te mudes a la oficina del cliente. Te estarías convirtiendo prácticamente en su empleado, y te pedirá cosas que no estaban contempladas en el trato. No te cases con tu cliente (sean solo amigos cariñosos o algo así).

Deja de crear, ponte a vender

Los freelancers no sabemos cuándo parar. Creemos que nuestro valor está en el mero hecho de crear, pero después nos damos cuenta de que hemos producido muchísimo material y no lo hemos capitalizado.

Eso pasa por utilizar el hemisferio derecho (el creador) mucho más que el izquierdo (el vendedor).

Ahora es tiempo de capitalizar todo el esfuerzo que has puesto durante toda tu vida.

Si eres pintor:
En lugar de hacer oootro cuadro, ponte a vender tus cuadros o a organizar exposiciones.

En serio, deja de crear

Simplemente dale un giro a tu mente, enfócate en generar dinero de lo que has hecho, de lo que estás haciendo actualmente y de lo que harás.

Todo se puede capitalizar. Haz mucho dinero para que puedas crear todo lo que quieras.

El ejercicio es este:

Cuando pienses algo como:
«¿Cuál será mi próxima creación?».

Te das un zape y cambias la pregunta por esta:
«¿De qué forma venderé lo que ya hice en el pasado o lo que estoy haciendo ahora?».

Haz dinero por enseñar a los demás

Muchos creen que tienen que ser unos superexpertos para poder dar clases o conferencias, pero si tienes unos años de experiencia, puedes enseñarle muchas cosas a los que están empezando.

Sabes más de lo que crees. ¿No te hubiera gustado que alguien con tu experiencia te hubiera dado una guía cuando empezabas?

Tú puedes ser alguien que le cambie la vida a mucha gente.

Como dice la frase: «Si quieres aprender algo, enséñalo».

ERES UN ROCKSTAR

Haz que te conozca todo el planeta.

No lo hagas para sentirte importante, no se trata de tu ego, hazlo para que las nuevas generaciones aprendan de ti.

Ahora tu trabajo es inspirar a otros para que quieran ser mejores.

Los jóvenes necesitan figuras a quienes imitar. Tú eres una de esas figuras, serás una gran influencia para ellos.

Puedes mejorar el mundo mucho más de lo que crees.

Une a tu industria.
Deja tu legado al mundo

Pon tu granito de arena, dales a todos un ejemplo de colaboración.

Lleva a la práctica lo que siempre quisiste que tuviera tu oficio. Puedes crear herramientas para todos e influir en tu industria. Por ejemplo: hacer un blog con recursos, fiestas para que se conozca la gente, una plataforma para facilitar la interacción e intercambio de conocimiento.

Hay muchas formas de ayudar
(y hasta hacer varo de eso).

La opinión de los expertos:
¿Algún consejo final?

David Ruiz «Leche»
Director de cine

«Antes era difícil poder usar una cámara, ahora tienes toda la tecnología en tu mano, en tu teléfono. Usa las herramientas disponibles, practica mucho».

José Matiella
Productor audiovisual e interactivo

«Aprende a administrazar tu lana, prepárate para los tiempos de escasez mientras esperas a que salgan buenos proyectos».

Iván Meza
Fotógrafo de publicidad

«Vive en el presente y cultiva tu futuro».

Rodrigo Salom Freixas
Artista digital

«Elige proyectos orientandos hacia lo que realmente quieres. En un futuro me veo trabajando solamente en proyectos del ámbito cultural, social o científico. La evolución de mi quehacer es crear contenido audiovisual original con colaboraciones de gente talentosa».

Isabel Sommerz Best
Escritora y terapeuta

«Enfócate en el presente y el futuro será chido por sí mismo. Yo no me enfoco en "lograr", pero sé perfecto lo que tengo que hacer cada día: chambear sin parar. Para mí la abundancia es una vibración en la que te sintonizas si diario haces lo que te apasiona con discliplina y amor. Mi legado son los libros que escribo».

Víctor Arenas
Abogado consultor para emprendedores y freelancers

«Creo que lo mejor es generar ingresos suficientes para que las decisiones que tomes sobre qué hacer no estén condicionadas a la supervivencia, sino que decidas hacerlo por gusto».

Leandro Luna
Location sound mixer, cineasta, emprendedor

«A los freelancers del futuro: disfruten lo que hacen aunque se ponga pinche la cosa. Tómense tiempo para pensar en los pasos a seguir. ¡El tiempo es un gran maestro! Otro: ¡no teman cobrar por lo que hacen!».

Alex Kong
Artista 3D, promotor de la industria de la animación en México

«Más que ser un freelancer hay que crecer como pequeño empresario. Quiero crear cursos virtuales, una plataforma para el medio de la animación, negocios en línea, hacer un equipo a distancia, crear una marca personal, aprender de marketing y *branding*, automatizar, crear cosas que se hagan una vez y se vendan muchas veces».

Deja de crear. Ponte a vender y capitalizar

1. Elabora una lista de los proyectos que haz realizado. Ejemplos, dibujé las ilustraciones de un libro; tengo unas fotografías del desierto; realicé un cortometraje.

2. Ahora escribe una nota sobre alguno de ellos (como si fuera el reportaje de una revista). Por ejemplo, en el caso de las fotografías del desierto, selecciona las ocho mejores imágenes y escribe un texto sobre el proyecto.

3. Publica en redes sociales tu proyecto.

4. Logra algo con esa publicación: conseguir seguidores, recibir la opinión de gente que admiras, etc.

5. Haz lo mismo con otro proyecto y luego otro y muchos más hasta que te mueras.

> **Con este ejercicio verás que es muy fácil crear contenido (de algo que ya tenías hecho).**
>
> **Adopta una actitud de capitalizar lo que has hecho y lo que harás después de terminar cada proyecto nuevo.**
>
> **Que no te importe ni tantito el número de *likes* que obtenga la publicación, ese no es el punto.**

Lista de proyectos para publicar:

Ejemplo para fotógrafo:

Material que tengo:	**Material que tengo:**	**Material que tengo:**
Ocho fotos del desierto.		

↓   ↓   ↓

Nombre y autor del proyecto:	**Nombre y autor del proyecto:**	**Nombre y autor del proyecto:**
«El desierto está vivo» de Juanito Gómez.		

↓   ↓   ↓

Medio:	**Medio:**	**Medio:**
Carrusel de fotos en Instagram.		

↓   ↓   ↓

Acción (*engagment*):	**Acción:**	**Acción:**
Etiquetar a clientes y fotógrafos reconocidos.		

↓   ↓   ↓

Llamada a la acción:	**Capitalización:**	**Capitalización:**
Preguntar en el *post* a quién le interesa hacer una expo.		

↓   ↓   ↓

Difusión:	**Difusión:**	**Difusión:**
Mandarlo a revistas de fotografía.		

Enseña lo que sabes

Si ya tienes más de dos años de experiencia, puedes enseñar lo que sabes a los que están empezando.

Algunos formatos para enseñar:

- Publicaciones en redes sociales.

- Clases presenciales.

- Cursos presenciales o en línea.

- Un libro.

- Talleres o retiros.

- Tutoriales.

- Asesoría personalizada.

- Conferencias.

- Pódcast.

- Blog.

Escoge una de las anteriores y dale candela
(ese puede ser tu proyecto personal del paso anterior).

¡No te pierdas el curso en línea de Freelancismo!

Incluye 100 microvideos que puedes ver a tu ritmo y una guía freelancera con 20 ejercicios.

Está en la Fric App:

Asesoría en vivo

Tinder cerebral (busca socios)

Programa

Libros futuros

Fric

Memes diarios

TODO TE LA PELA

Apoyo técnico

Calendario de eventos

FRIC App

Encuestas

CHÍNGALE

Freelancismo

Fric Academy 5 ebooks 5 cursos

STARTUPISMO

Buenondismo

Marketismo

Fric Innovation

Ayuda emocional

Propuestas de negocio

Bolsa de trabajo

Videos

Con la Fric App recibirás:

- Una imagen diaria en tu teléfono para que empieces tu día con todo.
- Todo el Fric Academy: 5 ebooks y 5 cursos.
- Red social para apoyarnos entre todos (como el grupo "Tinder cerebral", para encontrar socio).
- Asesoría por medio de transmisiones en vivo.

Descárgala: fricmartinez.com

Dedicado a una guerrera:
Susana Viramontes

A dos guerreritos:
Paola y Diego

Y a un gran ilustrador:
Jorge Chávez (QEPD)

Buena onda para todos. :)

Agradecimientos:

José Matiella
Iván Meza
David Ruiz «Leche»
Isabel Sommerz Best
Rodrigo Salom Freixas
Leandro Luna
Víctor Arenas
Alex Kong
Fátima Alba
Izaak Olán
Jorge Chávez (QEPD)
Michelle Rodríguez
Stephanie Vázquez
Susana Viramontes
Raul Valdés Hernández
Karina Macias
Tamara Gutverg